Das historische Dresden

Dorothée Baganz

DAS HISTORISCHE DRESDEN

Bilder erzählen

MICHAEL IMHOF VERLAG

Titelbild: Das Cover zeigt die Brühlsche Terrasse mit dem Belvedere ganz links und der Kunstakademie mit ihrer imposanten Kuppel, hinter der sich die Frauenkirche erhebt. Die sich anschließende Sekundogenitur wird von den Türmen der Sophienkirche überragt und neben dem Ständehaus folgen der Hausmannsturm des Schlosses und die Hofkirche, von der nur ein Teil zu sehen ist. Im Vordergrund verläuft die Carolabrücke.

Bildnachweis:
Umschlag und Innenteil bis S. 199: Sammlung Gerd Wolf und Michael Imhof Verlag
Aktuelle Fotos ab S. 200: Dorothée Baganz
S. 17, 24: G. Richter: Canaletto-Mappe, Dresden 1895

Stettiner Straße 25, D-36100 Petersberg
Tel. 0661/2919166-0; Fax 0661/2919166-9
www.imhof-verlag.com

Gestaltung und Reproduktion: Michael Imhof Verlag
Druck: Grafisches Centrum Cuno GmbH & Co. KG, Calbe
Printed in EU

ISBN 978-3-86568-090-7

Vorwort

Dresden gehört mit seiner malerischen Lage im Elbtal, der Pracht seiner Bauten, den reichen Kunstschätzen und Sammlungen sowie der großen Bedeutung von Musik und Theater zu den schönsten Städten und kulturellen Zentren Europas. Das vorliegende Buch informiert den Leser zunächst über die bewegte Geschichte der Stadt, um ihn dann anhand von zahlreichen Ansichten um 1900 in das alte Dresden zu entführen. Bilder von Altmarkt, Prager Straße, Theaterplatz, Postplatz, Neumarkt, Hauptstraße, Neustädter Markt usw. zeigen die Elbestadt, wie sie einmal war. Der Luftangriff im Februar 1945 bedeutete die schlimmste Katastrophe in der Geschichte Dresdens und vernichtete innerhalb einer Nacht die über Jahrhunderte gewachsene, einzigartige Stätte von Kunst und Kultur. Vieles ging dabei unwiederbringlich verloren. Dennoch nimmt Dresden auch heute wieder einen Platz unter den berühmten Kunststädten Europas ein. Und so ist auch das heutige Gesicht der Stadt Thema dieses Buches.

Blick in den Stallhof mit der Kuppel der Frauenkirche im Hintergrund

Dresden – die Geschichte einer Stadt

Die ersten Spuren menschlichen Lebens im Dresdner Elberaum reichen bis in die Steinzeit zurück. Funde altsteinzeitlicher Geräte und Knochen belegen den Durchzug von Jägerhorden vor 40 000 Jahren. Die erste Ansiedlung von Ackerbauern erfolgte vermutlich in der jüngeren Steinzeit. Weitere Funde aus der Bronzezeit sind Beweis für die Besiedlung des Dresdner Raumes durch Feldbauern im zweiten Jahrtausend v. Chr.

In den ersten Jahrhunderten vor oder nach Christus besiedelten schließlich Germanen die Region, die jedoch im vierten oder fünften Jahrhundert das Gebiet wieder verließen. Um 600 wanderten sorbische Fischer und Ackerbauern aus dem böhmischen Raum über die Pässe des Osterzgebirges ins Elbtal. Die slawischen Siedler prägten für das Gebiet zwischen Pirna und Meißen die Bezeichnung „Nisan“ oder „Nisani“ (Niederung, Niederland). Nach 900 drangen unter König Heinrich I. im Zuge der Ostexpansion des Ostfränkischen Reiches deutsche Eroberer ins Elbgebiet vor. Sie begannen durch die Bildung von Burgwarden und die Errichtung von Befestigungen, wie der Burg Meißen im Jahre 929, das Gebiet zu kontrollieren. Der Machtkampf der Markgrafen von Meißen und der Burggrafen von Dohna um die Elbregion wurde entschieden, als das Elbtal in der ersten Hälfte des 12. Jahrhunderts zur bereits unter Wettinerherrschaft stehenden Mark Meißen gelangte. Durch die zunehmende Ansiedlung von Bauern, Handwerkern und Kaufleuten aus Thüringen und Ostfranken am Elbübergang seit der Mitte des 12. Jahrhunderts erfolgte eine regelrechte Germanisierung und Christianisierung des Elbtales. Als Beleg für das Niederlassen von Kaufleuten am West-Ost-Handelsweg und die Bildung einer deutschen Kaufmannssiedlung nordöstlich des Altmarktes im späten 12. Jahrhundert gilt die heutige Kreuzkirche, die ursprünglich dem heiligen Nikolaus als Schutzpatron der Händler und Kaufleute geweiht war. Im Zuge des Aufschwunges von Handel und Gewerbe im Hochmittelalter und während der Blüte des Städtewesens im heutigen Sachsen ereignete sich vermutlich noch Ende des 12. Jahrhunderts die Gründung Dresdens auf der linken Elbseite. Der genaue Zeitpunkt der Stadtgründung ist nicht belegt. Die erste urkundliche

Erwähnung von „Dresdene“ erfolgte am 31.03.1206 und in einer markgräflichen Urkunde vom 21. Januar 1216 wird Dresden mit den Worten „in civitate nostra Dreseden“ schließlich als Stadt erwähnt. Der Name leitet sich womöglich von der nahegelegenen sorbischen Siedlung „Drezdany“ (Sumpf-Auwaldbewohner) um die schon seit dem 11. Jahrhundert existierende und bis 1539 als Pfarrkirche Dresdens fungierende Frauenkirche ab. Im späten 12.

Die alte Frauenkirche, Kupferstich von M. Bodenehr, vor 1720

Altendresden mit der ersten Dreikönigskirche, Federzeichnung von G. da Tola um 1570

oder frühen 13. Jahrhundert entstand die Brücke zur gegenüberliegenden selbständigen Siedlung. 1287 ist sie als steinern bezeugt. Das rechtselbische „Altendresden" erhielt 1403 vom Markgrafen Wilhelm I. beschränktes Stadtrecht, blieb aber vorerst eine Siedlung ohne Mauern und Tore. Die frühe linkselbische Stadt war als planmäßige Anlage mit gitterförmigem Straßennetz und dem Markt (dem heutigen Altmarkt) als Zentrum angelegt. Die Stadtbefestigung, die ursprünglich wohl aus einem Wall mit Palisaden und einem Graben bestand, ist Ende des 13. Jahrhunderts als eine feste Mauer mit vier Stadttoren urkundlich belegt. Der ungefähre Verlauf vollzog sich vom heutigen Georgentor über die Augustusstraße zum Neumarkt und vom heutigen Rathaus über den Dr.-Külz-Ring und die Wallstraße zum Postplatz und der Sophienstraße. Das Frauentor im Osten, das zur slawischen Siedlung an der Frauenkirche führte, wurde 1548 nach dem Bau des Rampischen Tores und des Ziegeltores abgebrochen. Letzteres ersetzte man kurz darauf durch das Pirnasche Tor. Das Seetor im Süden wurde 1550 vermauert, das Elbtor im Norden wurde 1530 durch den Bau des Georgentores ersetzt, nur das Wilsdruffer Tor im Westen blieb bis zur Schleifung der Festung nach 1815 erhalten. Zentrum der mittelalterlichen Stadt war der rechteckige Marktplatz (heutiger Altmarkt) mit der Nikolaikirche im Südosten. An der Nordseite des Marktplatzes befand sich das Kaufhaus bzw. Rathaus, das Ende des 13. Jahrhunderts erstmalig erwähnt wird und die Fleisch-, Brot-, Schuh- und Gewandbänke, einen Festsaal, die Ratsstube sowie den Ratskeller beherbergte. Markgraf Heinrich der Erlauchte baute die Anfang des Jahrhunderts von den Markgrafen von Meißen auf dem Taschenberg errichtete Burg weiter aus und verschaffte der markgräflichen Residenz Dresden durch Verleihung wichtiger Privilegien zunehmende wirtschaftliche wie politische Bedeutung. Die Verwaltung der Stadt erfolgte derzeit durch einen vom Markgrafen eingesetzten Schultheiß bzw. Richter und ein Kollegium von Geschworenen, das aus reichen Kaufleuten gebildet wurde und seit 1284 dazu berechtigt war, Gesetze zu erlassen, Preise festzusetzen und Steuern zu erheben. Ein weiterer Schritt zur städtischen Selbstverwaltung war 1292 die Ernennung eines Bürgermeisters und die Bildung eines städtischen Rates aus zwölf Geschworenen patrizisch-kaufmännischer Herkunft. 1412 erhält Dresden die niedere Gerichtsbarkeit, die Obergerichtsbarkeit verblieb bis 1484 beim Markgrafen. Die Haupteinnahmequelle der reichen Ratsgeschlechter war der Tuchhandel und der übrige Fernhandel. Unter dem Einfluss der hussitischen Bewegung in Böhmen rebellierten die erstarkenden Handwerker gegen die Kaufleute. So forderten z.B. die Tuchmacher aus Unzufriedenheit über das Vorrecht des Verkaufs ihrer Ware durch die Tuchhändler das Einzelverkaufsrecht für ihre Stoffe. In der zweiten Hälfte des 14. Jahrhunderts setzten sie durch, ihre Tuche in verschiedenen Farben selbst zu verkaufen und erhielten zunehmendes Mitspracherecht in städtischen Belangen, wobei erst ab 1471 zwei Vertreter der Handwerker im Rat vertreten und so an der städtischen Stadtverwaltung beteiligt waren. Als Gegenleistung für sein Engagement für König Sigismund bei den Kreuzzügen gegen die Hussiten erhielt Markgraf Friedrich der Streitbare 1423 das Herzogtum Sachsen und die Kurwürde. Im Zuge der Hussitenkriege wurde 1427 im Abstand von circa 15 Metern vor die ursprüngliche Mauer eine weitere gesetzt. Im Zwischenraum, dem sogenannten Zwingerbereich, lagerte man Geschütze und im Angriffsfall befanden sich dort die Schützen. 1429 verwüsteten die Hussiten die Dresdner Vorstädte und fielen in Altendresden ein, welches sie niederbrannten. Nachfolger von Kurfürst Friedrich I. war 1428 Friedrich der Sanftmütige. Nach dessen Tod 1464 regieren seine Söhne Ernst und Albrecht gemeinsam und bestimmen Dresden 1474 zur kursächsischen Hauptresidenz. Unter den beiden Brüdern erfolgte auch der Umbau der Burg zur großzügigen vierflügeligen Schlossanlage. Nach der Leipziger Teilung des wettinischen Kurfürstentums Sachsen im Jahre 1485 erhielt Albrecht unter anderem die Mark Meißen mit Dresden, während sein Bruder Ernst den Kurkreis Wittenberg, das Vogtland sowie den Großteil Thüringens und des Osterlandes bekam. Dresden wird nun zur Residenzstadt der albertinischen Linie der Wettiner und vollzieht von da an durch die umfassende Förderung seiner Landesherrn eine rasante Entwicklung. Der verheerende Stadtbrand von 1491 vernichtete reichlich die Hälfte der 470 Gebäude, weshalb erstmalig eine Bauordnung für die Stadt erlassen wurde, die vorschrieb, zukünftig mindestens das erste Stockwerk jedes Hauses steinern und die Eckhäuser ganz aus Stein zu errichten. Aufgrund der katastrophalen hygienischen Bedingungen in Dresden, gekennzeichnet durch Unrat auf den

Holzschnitt von 1587

Straßen und ein fehlendes Abwassersystem, brach in der Stadt zwischen 1311 und 1680 regelmäßig die Pest aus und dezimierte wiederholt die Bevölkerung. Ende des 15. Jahrhunderts zählte Dresden knapp 4 000 Einwohner. In den Vorstädten und Altendresden kamen noch reichlich 2 000 Einwohner hinzu. Aufgrund der relativ geringen Einwohnerzahl und der ungünstigen Stellung im Fernhandelsnetz blieb die Bedeutung des mittelalterlichen Dresdens als Handelsplatz zunächst bescheiden. Durch fehlende Privilegien wie z.B. das Niederlags- und Stapelrecht, welches durchreisende Kaufleute zum Anbieten ihrer Waren für drei Tage verpflichtete und Dresden erst 1455 gewährt wurde, fiel die Stadt in ihrer Wirtschaftskraft weit hinter Pirna, Annaberg, Freiberg oder Leipzig zurück.

Herzog Georg, der Sohn Albrechts, erneuerte 1517 die Ratsverfassung, die z.T. eine Einschränkung der städtischen Selbstverwaltung bedeutete. 1519–29 ließ er die Stadtmauer um die Siedlung an der Frauenkirche erweitern, wobei die alte Stadtmauer zwischen Altstadt und Frauenkirchsiedlung erst 1548 abgebrochen wurde. Seit 1520 fand das Gedankengut Luthers in Sachsen und auch in Dresden zunehmende Verbreitung. Trotz ähnlicher Einstellungen zum Ämtermissbrauch und anderen Missständen hielt Herzog Georg an der römisch-katholischen Kirche und deren Autorität fest und blockierte die Einführung der Reformation im albertinischen Herzogtum Sachsen. Dresden wurde neben Leipzig zum wichtigsten Druckort

Älteste Ansicht der Stadt Dresden, links die alte Frauenkirche, im Vordergrund die Brücke zum rechtselbischen Altendresden, rechts das Schloss, Kupferstich von Heinrich van Cleef um 1555

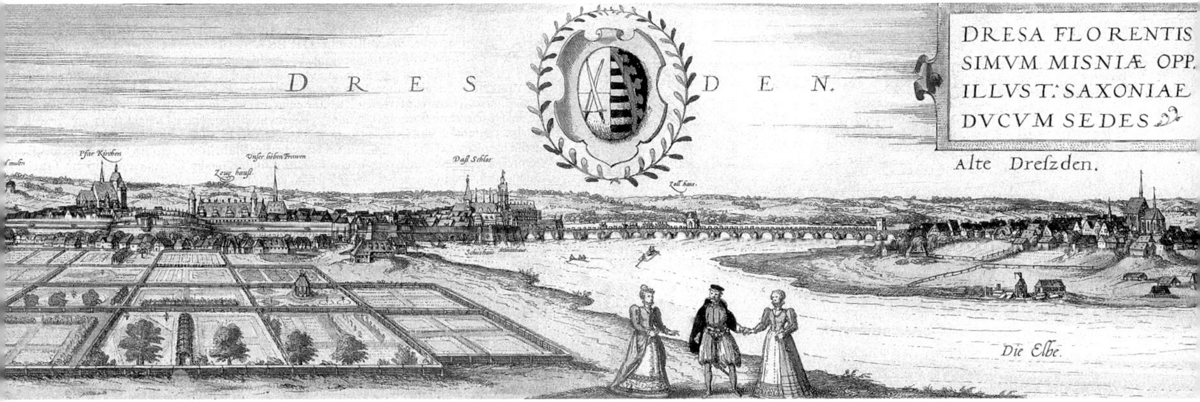

Die Ansicht von Braun und Hogenberg zeigt links die alte Frauenkirche, das Zeughaus und das Schloss sowie die Brücke und Altendresden (rechts), Kupferstich 1590

antilutherischer Schriften. Allerdings wird Herzog Heinrich der Fromme, der 1536 zum Protestantismus übergetretene Bruder Georgs, 1539 sein Nachfolger und führt in Dresden die Reformation durch. Im Zuge der Säkularisierung wurden beide Klöster aufgelöst und abgebrochen, das Kirchen- und Klostergut fiel an die Stadt und die Frauenkirche verlor ihre Funktion als Stadtpfarrkirche an die Kreuzkirche. In den darauffolgenden Jahren entwickelt sich Dresden zum Zentrum des deutschen Protestantismus. Nach dem Tod Heinrichs folgte 1541 sein Sohn Herzog Moritz als sächsischer Herrscher. Mit ihm begann der Aufstieg Sachsens zu einem der politisch, wirtschaftlich und kulturell führenden Territoralstaaten und die Entwicklung Dresdens von der unbedeutenden mittelalterlichen Stadt zur glanzvollen Renaissanceresidenz. Als Dank für die Unterstützung im Feldzug gegen die Türken und gegen Frankreich sowie die Teilnahme im Kampf gegen den Schmalkaldischen Bund erwarb Moritz 1547 von Kaiser Karl V. die Kurwürde für das albertinische Sachsen. Der Ernestiner Kurfürst Johann Friedrich hatte im Zuge des Schmalkaldischen Krieges im März 1547 Altendresden erobert und plündern lassen. Kurz darauf unterlag jedoch das Heer des Schmalkaldischen Bundes in der

Schlacht bei Mühlberg, Johann Friedrich geriet in kaiserliche Gefangenschaft und mußte in der Wittenberger Kapitulation auf den Kurkreis Wittenberg und damit auf die Kurwürde verzichten. Moritz wurde Kurfürst von Sachsen, dem nunmehr zweitgrößten deutschen Territorialstaat und Dresden wurde zur Residenz und zum Verwaltungsmittelpunkt des neuen albertinischen Kurfürstentums. Bis 1556 erfolgte unter Moritz die Erweiterung des Schlosses zur prächtigen Renaissanceanlage. Die neue Bauordnung von 1545 verwies auf die Notwendigkeit der Erneuerung der Befestigungsanlagen, die noch im gleichen Jahr begonnen und unter dem Baumeister Caspar Voigt von Wierandt und darauffolgend unter Rochus von Lynar bis 1591 ausgeführt wurde. Der mittelalterliche Mauerring wich einem modernen Befestigungssystem nach italienisch-niederländischem Vorbild mit einem gewaltigen Wall und sieben Bastionen. 1546 erfolgte die Befestigung von Altendresden, welches 1549 eingemeindet, also in die Gesamtbefestigung einbezogen wurde. Bereits 1548 gründete man die Hofkapelle, den Vorläufer der heutigen Staatskapelle. Unter Kurfürst August, dem Bruder des Kurfürsten Moritz, vollzog sich ab 1553 der weitere wirtschaftliche und kulturelle Aufschwung Dresdens. 1556 verlegte man die Landeshauptmünzstätte von Freiberg nach Dresden. 1576 entstand im Plauenschen Grund die erste Pulvermühle Sachsens und daneben wurde eine

Ansicht Dresdens von Altendresden aus. Links das Belvedere, anschließend das Zeughaus mit Pulverturm, Frauenkirche, Kreuzkirche, Brücke und Schloss, Kupferstich von Matthäus Merian 1650

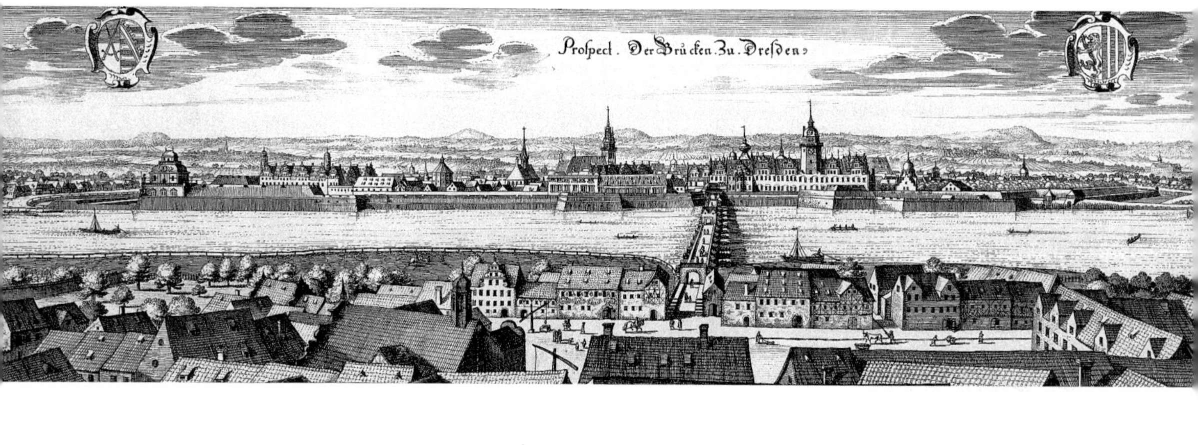

Altmarkt mit Kreuzkirche vor 1760 – Gemälde von Bernardo Bellotto, Gemäldegalerie Alte Meister, Dresden

Kupferstich von Mattäus Merian 1650 – links die Dresdner Altstadt mit Kreuzkirche, Zeughaus, Frauenkirche und Schloss, rechts Altendresden mit der alten Dreikönigskirche

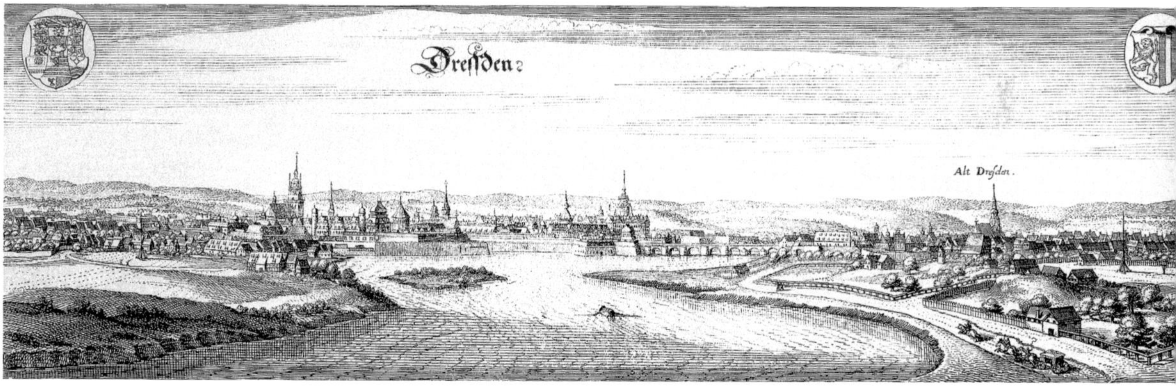

Kupferstich 1680 – Darstellung von Altendresden auf der linken Seite mit Dreikönigskirche, Rathaus und Jägerhof; dann die Brücke, das Belvedere (Lusthaus), das Zeughaus, Pulverturm, Frauenkirche, das Schloss und die Kreuzkirche (Mitte bis rechts)

Papier- sowie eine Getreidemühle und 1582 eine Eisenschmelzhütte errichtet. 1559 erfolgte die Anlage des Kammergutes Ostra für Getreide- und Obstanbau sowie Weide- und Milchwirtschaft vor der Stadt. Dort entstanden 1582 auch Schmelz- und Saigerhütten zur Kupferherstellung und -verarbeitung. Der Weiterbau der unter Moritz begonnenen Umbauten des Schlosses sowie die Weiterführung der Arbeiten zur Erneuerung der Stadtbefestigung und die weitere Umgestaltung Dresdens zur prachtvollen Renaissancestadt mit zahlreichen Repräsentationsbauten nahm unter Kurfürst August seinen Lauf. 1556 richtete er seine eigene Bi-

bliothek sowie 1560 die Kunstkammer, Keimzelle der heutigen Dresdner Kunstsammlungen, im Schloss ein. Christian I., Sohn Augusts und sein Nachfolger im Jahre 1586, vollendete schließlich die umfangreiche Schlosserweiterung sowie die Erneuerung der Stadtbefestigung und ließ das erste Belvedere errichten. Im 16. Jahrhundert vollzog sich der Wandel Dresdens von der Ackerbürgerstadt zur Handels- und Handwerkerstadt mit Renaissancebürgerhäusern und gepflasterten Straßen. Des Weiteren wurden Verordnungen zur Verbesserung der hygienischen Verhältnisse erlassen, wie 1573 das Verbot der Schweinehaltung in der Stadt, die Trinkwasserzufuhr wurde verbessert und ein unterirdisches Abwasserkanalsystem angelegt. Um 1600 betrug die Einwohnerzahl Dresdens inklusive ihrer Vorstädte bereits 14 000.

Nach dem Tod Christian I. übernahm zunächst Friedrich Wilhelm I. als Vormund für den minderjährigen Sohn die Regierungsgeschäfte, bis Christian II. 1601 selbst die Regie-

Kupferstich 1680 – links Kreuzkirche, Zeughaus, Pulverturm, darauffolgend das Schloss, rechts Altendresden mit der Dreikönigskirche

rung antrat, aber bereits mit 27 ohne nennenswerte Leistungen verstarb. 1611–56 regierte Johann Georg I., der Sohn Christian I. und Bruder Christian II. Dieser zeigte sich durch die Vollendung des Jägerhofes in Altendresden als Förderer der Jagd und leitete mit Heinrich Schütz als Hofkapellmeister die Blüte der Dresdner Musik- und Theaterkultur ein. Der Dreißigjährige Krieg von 1618–48 setzte der ersten großen Blüteperiode Dresdens ein jähes Ende. Johann Georg gab 1631 seine Neutralität auf und wechselte auf die Seite der Schweden über, wurde aber 1635 wieder zum Bündnispartner des Kaisers. Die Auseinandersetzungen der kaiserlichen und schwedischen Truppen während des Krieges betrafen v.a. die Vororte Dresdens. Die Stadt selbst wurde dank ihrer Befestigung nicht beschossen oder eingenom-

men. Erhöhte Steuerlasten und die Pflicht zur Einquartierung und Verpflegung von Soldaten sowie steigende Preise für Waren des täglichen Bedarfs führten zur Verarmung ganzer Stadtteile, zum Rückgang des Handwerks und zur Erlahmung des Handels, zu Hungersnot und Inflation. Der Bevölkerungsverlust durch Kriegstote, Geburtenrückgang und Pest wurde durch den ständigen Strom von böhmischen Zuwanderern ausgeglichen, so dass Dresden 1626 schätzungsweise 17 000 Einwohner zählte und diese Zahl bis zum Ende des Jahrhunderts auf über 20 000 weiter anstieg. Die Landespolitik unter Johann Georg II. nach 1656 war vor allem auf Wirtschaftswachstum ausgerichtet. Die Förderung von Manufakturen, die Ansiedlung von Handwerkern und die Ausbildung neuer Gewerbezweige im Luxusartikelbereich (Edelsteinschneider, Perückenmacher, Goldschmiede usw.) stand im Vordergrund. Das städtische Gewerbe erholte sich dennoch nur langsam. Die Bautätigkeit erlangte nach Jahrzehnten der

Unterbrechung wieder eine bedeutende Rolle. So wurde 1664 der Grundstein für das erste Opern- und Komödienhaus in Schlossnähe gelegt, welches die Dresdner Operntradition und den Ruf Dresdens als Theater- und Musikstadt begründete. Unter Georg II. bzw. Georg III. entstand ab 1676 der Große Garten mit dem Palais, welches zu den bedeutendsten frühbarocken Bauten Deutschlands zählt. Ab 1684 führte Klengel nach Plänen Dilichs die erneute Verstärkung der Festungswerke Altendresdens aus, das bereits 1632 mit vier Toren, dem Schwarzen und dem Weißen Tor, dem Jäger- und dem Wassertor sowie sechs Bastionen versehen worden war. 1685 legte ein Brand die rechtselbische Stadtseite in Schutt und Asche. Georg III. beauftragte Klengel mit dem Entwurf eines Wiederaufbauplanes, dem ersten einheitlichen Bebauungsplan Dresdens, dessen Umsetzung seit 1686 erfolgte, aber erst unter August dem Starken seine Vollendung fand.

Nach dem plötzlichen Tod des noch jungen Johann Georg IV. begann 1694 mit dem Regierungsantritt seines Bruders als Kurfürst Friedrich August I. eine neue, die Stadt in ihrer Ausstrahlung bis heute mit am stärksten prägende Epoche, die sich vor allem durch eine rege Bautätigkeit sowie den Aufschwung der Künste und des Handwerks auszeichnete. 1697 erwarb August der Starke die polnische Königskrone, was für den Kurfürst-König den Glaubenswechsel zum Katholizismus bedeutete. Sachsen verlor damit die Führung der evangelischen Reichsstände an Preußen, gewann aber den Anschluss an die internationalen katholischen Länder. Als Zentrum fürstlicher Repräsentation und staatlicher Administration stieg Dresden von der sächsisch-kurfürstlichen Residenzstadt in den Rang einer europäischen Hauptstadt auf. Im Nordischen Krieg musste August der Starke jedoch zeitweise auf die polnische Krone verzichten. Nach dem Tod von Kaiser Joseph I. führte August seit 1711 als Vikar die Geschäfte des Reiches. 1733 wurde der Sohn August des Starken nach dessen Tod als August II. Kurfürst von Sachsen und als August III. König von Polen. Seine Regierungszeit war vor allem durch die Schlesischen Kriege und den Siebenjährigen Krieg gekennzeichnet. Die wechselhafte Bündnispolitik von Vater und Sohn hatte Sachsen zunehmend in die kriegerischen Auseinandersetzungen zwischen Preußen und Österreich verwickelt. Im Ersten Schlesischen Krieg stand Sachsen noch auf der Seite Preußens, verbündete sich danach jedoch mit Österreich und erlitt 1745 im Zweiten Schlesischen Krieg in der

Grundriss und Ansicht Dresdens vor der preußischen Beschießung im Siebenjährigen Krieg, Kupferstich von Matthäus Seutter d. Ä. 1755

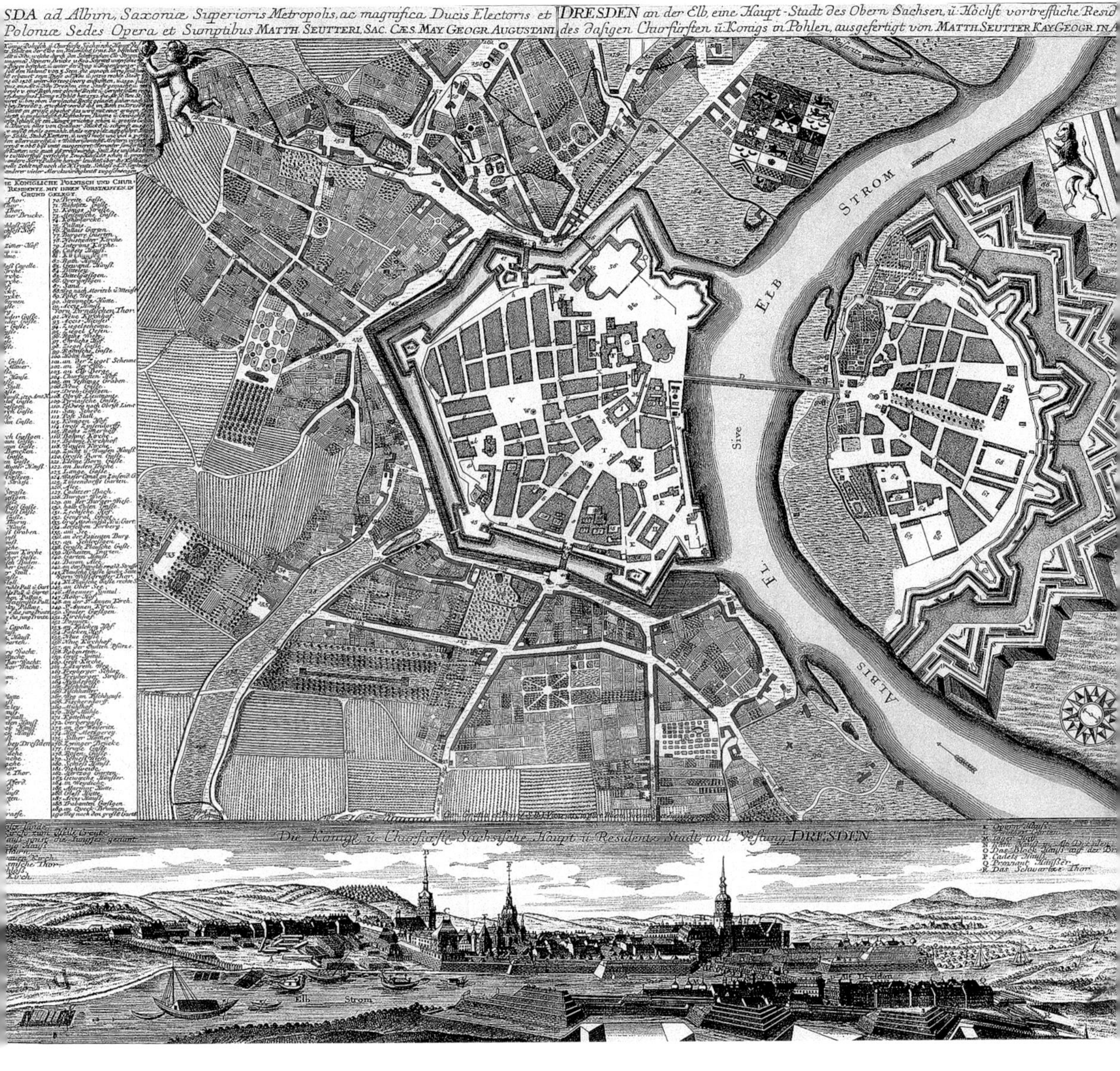
SDA ad Albim, Saxoniæ Superioris Metropolis, ac magnifica Ducis Electoris et
Poloniæ Sedes Opera et Sumptibus MATTH. SEUTTERI, SAC. CÆS. MAY. GEOGR. AUGUSTANI
DRESDEN an der Elb, eine Haupt-Stadt des Obern Sachsen, u. Höchst vortreffliche Resid
des dasigen Churfürsten u. Königs in Pohlen, ausgefertigt von MATTH. SEUTTER KAY. GEOGR. IN A
STROM
ELB
Sive
FL.
ALBIS
Die Königl. u. Churfürstl. Sächsische Haupt u. Residenz Stadt und Vestung DRESDEN
Elb
Strom
Alt Dresden

Neumarkt mit Frauenkirche, im Vordergrund das Johanneum – Gemälde von Bernardo Bellotto, Gemäldegalerie Alte Meister, Dresden

Schlacht bei Kesselsdorf eine schwere Niederlage. Dresden wurde daraufhin durch preußische Truppen besetzt. Beim Ausbruch des Siebenjährigen Krieges im Jahre 1756 standen Kunst, Kultur und Wissenschaft in hoher Blüte, der Staatshaushalt aber war zerrüttet und das Heer reduziert. Im August fielen die Preußen in Kursachsen ein, im darauffolgenden Monat wurde Dresden erneut von preußischen Truppen besetzt. Kurfürst August und Premierminister Graf Brühl flohen nach Warschau und kehrten erst mit dem Ende des Krieges zurück. 1758 rückten österrei-

Kupferstich 1757 – Umgebung Dresdens mit Großenhain (N), Dippoldiswalde (S), Stolpen (O) und Meißen (W)

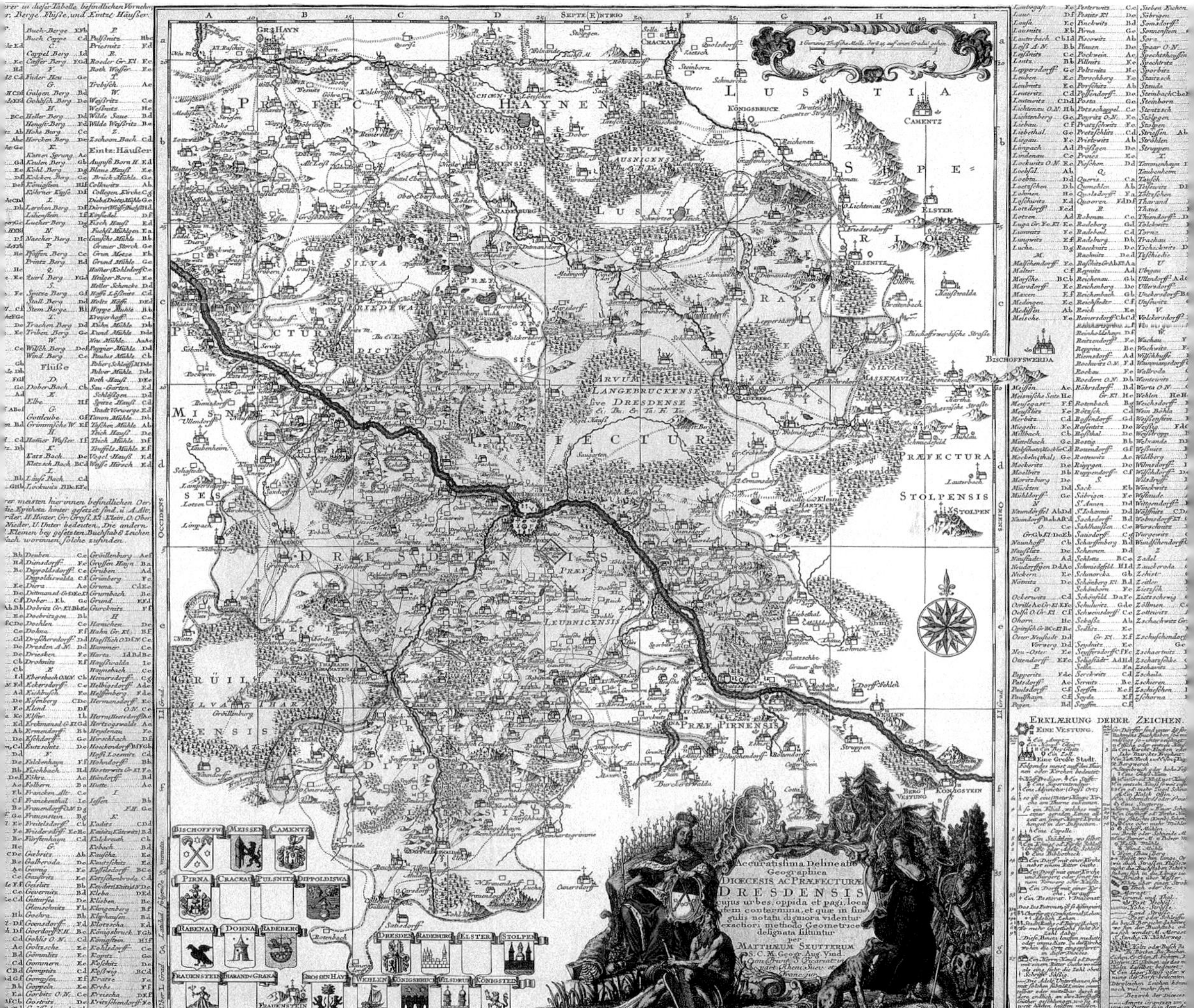

Accuratissima Delineatio Geographica
DIŒCESIS AC PRÆFECTURÆ DRESDENSIS
cujus urbes, oppida et pagi, loca item contermina, et quæ in singulis notatu digniora videntur exactiori methodo Geometrice designata sistuntur
per MATTHÆUM SEUTTERUM
LUSATIA
PRAEFECTURA STOLPENSIS
BISCHOFFSWERDA
KÖNIGSBRUCK
CAMENTZ
STOLPEN
KÖNIGSTEIN
PRAEF PIRNENSIS
LEUBNICENSIS
ARVUM LANGEBRUCKENSE sive DRESDENSE
ERKLAERUNG DERER ZEICHEN
BISCHOFFSW
MEISSEN
CAMENTZ
PIRNA
CRACKAU
PULSNITZ
DIPPOLDISWA
RABENAU
DOHNA
RADEBERG
DRESDEN
RADEBURG
ELSTER
STOLPEN
FRAUENSTEIN
THARAND
GRANA
GROSSEN HAYN
WEHLEN
KÖNIGSBRUCK
WILSDRUF
KÖNIGSTEIN

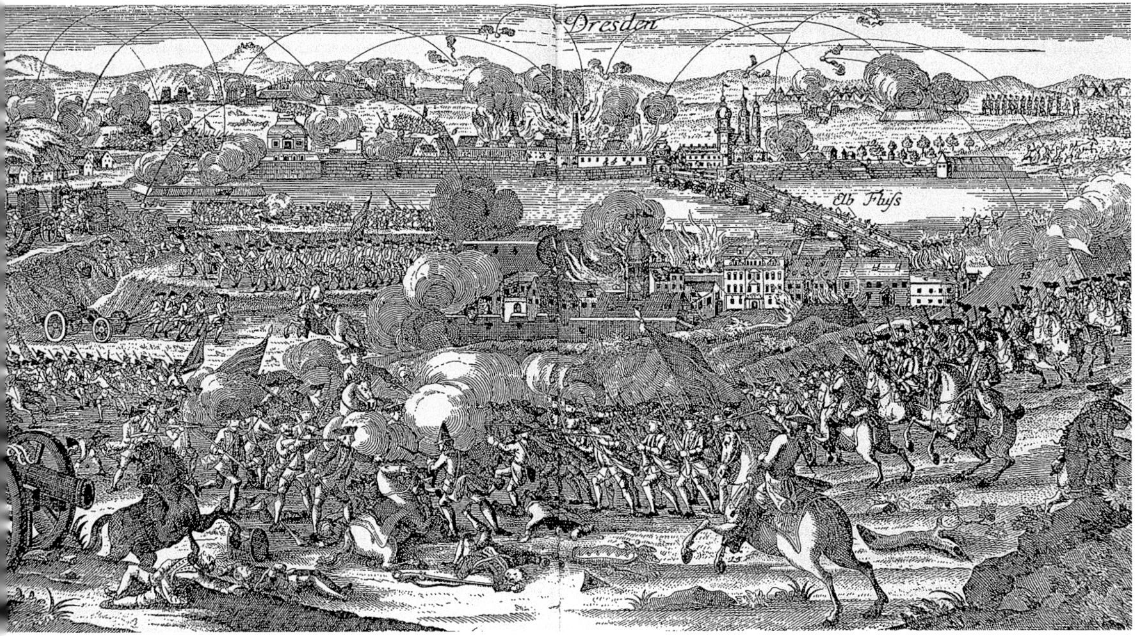

Dresden während der preußischen Beschießung 1760 – Stich von Johann Martin Will

chische Truppen auf Dresden vor und brachten die preußischen Truppen 1759 zur Kapitulation und zum Abzug. Nun belagerten die Preußen das von österreichischen Truppen besetzte Dresden. Im Juli 1760 erfolgte das verheerende Kanonen-Bombardement der Stadt durch Friedrich II. von Preußen, welches ein Drittel der Innenstadt und weite Teile der Vorstädte Dresdens zerstörte. Nach dem Beschluss des Friedens von Hubertusburg im Februar 1763 gehörte Dresden zu den am stärksten zerstörten Städten Sachsens, das wirtschaftlich und politisch zerrüttet aus der Reihe der europäischen Mächte ausschied. Die Bevölkerung Dresdens wurde von 63 000 Einwohnern im Jahre 1755 auf 36.000 Einwohner bei Kriegsende dezimiert. Der Tod des Kurfürsten und seines Premiers Graf Brühl im Oktober 1763 besiegelte das Ende der polnischen Personalunion und der künstlerisch äußerst nachhaltigen augusteischen Epoche.

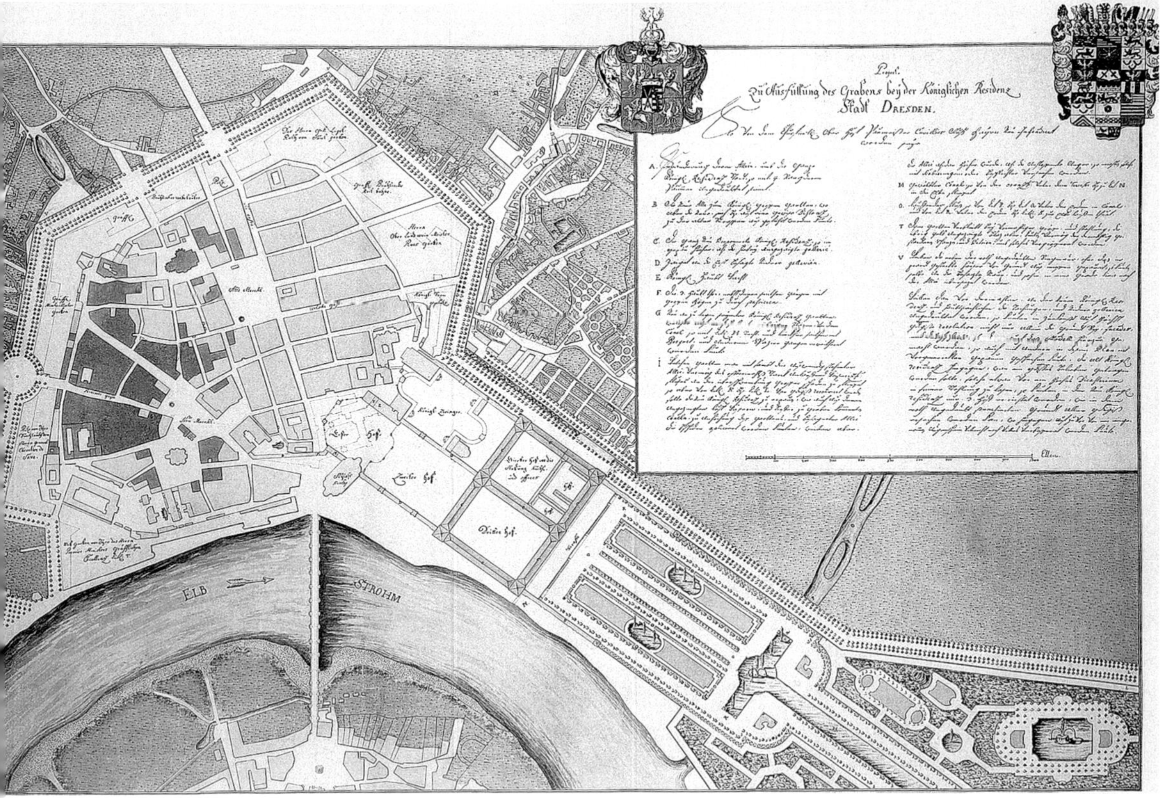

Nicht umgesetzter Entwurf für die Neugestaltung der Stadt nach dem Siebenjährigen Krieg, Federzeichnung des Oberhofbaumeisters François de Cuvilliés 1761

Unter Kurfürst Friedrich Christian wird Dresden zum Ausgangspunkt von Reformen in Verwaltung, Wirtschaft, Bildung und Justizwesen. Die intensive Förderung von Manufakturen und die Reformierung des sächsischen Staatswesens führen zur verhältnismäßig schnellen Erholung Kursachsens. Der Kurfürst starb jedoch nach einer Regierungszeit von nur wenigen Wochen. Seine Gattin, die Kaisertochter Maria Antonia Walpurgis, war 1764 maßgeblich an der Gründung der „Allgemeinen Kunst-Academie der Malerey, Bildhauer-Kunst, Kupferstecher- und Baukunst" beteiligt, zu deren Lehrkräften über die Jahre unter anderem der Hofbaumeister Friedrich August Krubsacius, Bernardo Bellotto und Gottfried Semper gehörten. Anfangs noch unter der Vormundschaft seines Onkels Prinz Xaver trat Friedrich August III. als Nachfolger Friedrich Christians die Regierung Kursachsens an. Seine Politik des Abwartens und der Neutralität führte zum politischen Stillstand bei wirtschaftlicher Prosperität. Der Aufbau Dresdens nach dem Siebenjährigen Krieg wurde durch den klassizierenden Spätbarock Knöffels und Longuelunes bestimmt. Bereits 1755 hatte Winckelmann das entscheidende Frühwerk der klassizistischen Kunsttheorie „Gedanken über die Nachahmung der griechischen Werke in der Malerei und Bildhauerkunst" in Dresden verfasst. Weitere klassizistische Schriften z. B. von Krubsacius förderten die Einführung des neuen Stiles in zunehmender Abkehr vom Barock. Durch Musik und Kunst wird Dresden schnell wieder zum Ziel vieler Reisender aus ganz Europa. 1789 spielte Mozart in Dresden, wenige Jahre später Beethoven. Von 1765 an fanden auf der Brühlschen Terrasse alljährliche Kunstausstellungen statt. Der Musikkenner und -theoretiker Gottfried Körner scharte Ende des Jahrhunderts in seinem Salon mit Persönlichkeiten wie Mozart, Goethe, Schiller, Novalis, Tieck, Kleist, Herder und anderen die Elite des deutschen Kulturlebens um sich. Herder prägte für Dresden wegen seiner Kunstschätze die Bezeichnung „Deutsches Florenz".

Im zweiten Koalitionskrieg gegen Frankreich bewahrte Sachsen im Bündnis mit Preußen zunächst seine Neutralität, wurde jedoch von der französischen Armee eingenommen und trat 1806 dem von Napoleon gegründeten Rheinbund bei. Friedrich August wurde als Bündnispartner Kaiser Napoleons von diesem mit der Königswürde beschenkt und das sächsische Kurfürstentum damit zum Königreich unter König Friedrich August I. proklamiert. Auf Wunsch Napoleons wurde Friedrich August 1807 Herzog von Warschau. Im gleichen Jahr besuchte Napoleon Dresden. Im Jahre 1809 besetzten österreichische Truppen die Stadt. Der von Napoleon angeregte Abbruch der Festungsmauern kommt durch die Rückkehr des Krieges nach Sachsen zum Erliegen. 1812 zogen sächsische Soldaten als Verbündete Napoleons gegen Russland. König Friedrich August floh nach Prag und Dresden wurde von russischen und preußischen Soldaten besetzt. Im Juni 1813 rückte Napoleon in Dresden ein. Im August erklärte Österreich den Eintritt in den Krieg gegen Napoleon und rückte als Verbündeter der Preußen und Russen auf Dresden vor. Napoleon siegte in der Schlacht bei Dresden. Der erneute Angriff der Russen und ihrer Verbündeter auf das französisch besetzte Dresden führte allerdings zur Kapitulation der Stadt im November. Während der russischen Besatzung amtierte Fürst Repnin-Wolkonski als Generalgouverneur Sachsens und residierte in Dresden. Unter seiner Herrschaft erfolgte der Wiederaufbau der zerstörten Gebäude, die Öffnung des Großen Gartens für die Bevölkerung und der Bau der Freitreppe für die Brühlsche Terrasse. Er machte die Kunstschätze Dresdens der Bevölkerung zugänglich und gründete Industrie- und Handwerkerschulen. Im April 1814 erfolgte der Abzug der russischen Truppen und im November überließ Repnin sein Amt dem preußischen Staatsminister von der Recke und Generalmajor Gaudy. Im Frieden von Wien im Mai 1815 fielen drei Fünftel des Landes an Preußen, was Sachsen zum politisch wenig bedeutenden deutschen Mittelstaat degradierte. Die Residenzstadt Dresden behauptete jedoch weiterhin ihre Stellung als Kunstzentrum von europäischem Rang. König Friedrich August kehrte aus der Kriegsgefangenschaft zurück und im Juni zogen die preußischen Soldaten aus Dresden ab. Nach 1815 erfolgte der endgültige Abbruch der Festungswerke bis auf die Brühlsche Terrasse und den Zwingerwall. Nachfolger Friedrich Augusts wurde 1827 König Anton, der ab 1830 seinen Neffen Friedrich August als Mitregenten einsetzte. Das 19. Jahrhundert bedeutete vor allem das Anbrechen des Industriezeitalters. Die industrielle und wirtschaftliche Aufwärtsentwicklung durch Förderung von Handel und Manufakturen sowie Technik und Wissenschaft ließ Sachsen zu einem kapitalistischen Industrieland werden. 1819 gab es in Dresden die ersten Gaslaternen, 1817–22 entstand die Calberlasche Zuckerfabrik und 1820 die erste Mineralwasserfabrik der Welt in Dresden. Zu einem bedeutenden Zweig Dresdens wurde die Schokoladenindustrie. 1823 nahm die erste Schokoladenfabrik den Betrieb auf, 1838 existierten in Dresden bereits zehn Fabriken. 1828 wurde die „Königlich-Technische Bildungsanstalt“, Ursprung der späteren Technischen Universität Dresden, gegründet. 1836 eröffnete die Societätsbrauerei Waldschlösschen. Ein besonderer Meilenstein der Dresdner Geschichte war die Eröffnung der Dampfschifffahrt auf der Elbe. Die „Königin Maria“ wurde 1837 als erster Personendampfer für den regulären Verkehr eingesetzt. Nicht weniger bedeutsam ist die erste Fahrt der „Saxonia“ auf der ersten deutschen Ferneisenbahnstrecke zwischen Dresden und Leipzig im Jahre 1839.

Auch im kulturellen Bereich beschreibt das 19. Jahrhundert für Dresden eine glanzvolle Zeit. Die Stadt wird zu einem international bedeutsamen Zentrum der Romantik. Caspar David Friedrich siedelte bereits 1798 nach Dresden über, Philipp Otto Runge wirkte ab 1801 in der Stadt. Die Schweizer Künstler Anton Graff und Adrian Zingg malten das Elbsandsteingebirge, das sie in Erinnerung an ihre Heimat als „Sächsische Schweiz" bezeichneten. Weitere Künstler wie Johann Christian Claussen Dahl, Carl Gustav Carus, Ludwig Richter, Ernst Ferdinand Oehme und andere kamen nach Dresden. Des Weiteren lebten eine Reihe bedeutender Philosophen und Literaten wie Schlegel, Kleist, Körner und andere zeitweise in der Stadt. 1814–18 schrieb Schopenhauer sein Werk „Die Welt als Wille und Vorstellung" in Dresden und seit 1825 war Ludwig Tieck als Dramaturg am Hoftheater tätig. Durch die Berufung von Carl Maria von Weber zum Musikdirektor im Jahre 1816, den bis 1841 auf dem Theaterplatz er-

Blick auf Dresden von der früheren Weißeritzmündung aus, links das Japanische Palais, rechts Frauenkirche, Hofkirche und Schloss, Radierung von C. G. Hammer 1810

Blick auf die Brücke, links die Frauenkirche, der Turm der Kreuzkirche, Palais Brühl und Palais Fürstenberg, daneben das Schloss vor der Umgestaltung in Neorenaissanceformen (um 1900), Hofkirche und Helbigsches Etablissement, Radierung von Carl Täubert 1820

richteten prächtigen Opernneubau Sempers sowie die Ernennung Richard Wagners zum Hofkapellmeister im Jahre 1842 machte Dresden seinem Ruf als bedeutender Musik- und Theaterstadt weiterhin alle Ehre. König Anton war wie sein Vorgänger zu Reformen kaum bereit und betrieb eine eher restaurative Politik, weshalb der Reformdruck immer stärker anwuchs. Unter dem Einfluss der französischen Julirevolution, die über Leipzig auch nach Dresden übergriff, setzte schließlich eine Wende ein. Im September 1830 versammelten sich Dresdner Bürger auf dem Altmarkt. Im Zuge des Aufstandes wurden das Rathaus und die Polizeiwache gestürmt. Nach dem Rücktritt des reaktionären Kabinetts unter Minister Einsiedel übernahm das liberale Kabinett Bernhard von Lindenaus die Regierung. 1831 erhielt Sachsen eine neue Verfassung und 1832 die Städteordnung. Von nun an wählten die Dresdner Bürger den Bürgermeister und die Stadträte, wobei das Wahlrecht noch stark eingeschränkt war. Lindenau bemühte sich des Weiteren um Reformen in Verwaltung, Schulwesen, Justiz und Militär sowie um den Ausbau der Kunstsammlungen durch Ankäufe zeitgenössischer Bilder, womit er den Grundstein für die Gemäldegalerie Neue Meister legte. Durch Bevölkerungswachstum und die Eingemeindung einzelner Vororte wie der Äußeren Neustadt, der Friedrichstadt und der Leipziger Vorstadt wuchs in den dreißiger Jahren die Einwohnerzahl in Dresden wieder auf über 64 000 an. Seit Anfang der vierziger Jahre wurde Sachsen von den beiden Söhnen des Prinzen Maximilian, bis 1854 von Friedrich August II. und darauffolgend bis 1873 von Johann, regiert. Durch den Sturz des Ministerium Lindenau geriet 1842 der reaktionäre Adel erneut ans Ruder. Dies und das Ansteigen des vierten Standes verstärkte die sozialen Spannungen in Sachsen und den Ruf nach Reformen seitens der Bürger. Der König gab schließlich dem Druck der Bevölkerung nach und entließ im März 1848 das konservative Ministerium Könneritz, um ein liberales Kabinett einzusetzen. Nachdem Friedrich August aber die von der Nationalversammlung in der Frankfurter Paulskirche beschlossene Reichsverfassung abgelehnt hatte und im April 1849 den Landtag auflöste, kam es auch in Dresden zum Ausbruch der bürgerlich-demokratischen Revolution. Im Mai versammelte sich die Volksmenge vor dem Zeughaus und forderte Waffen, woraufhin die Zeughausbesatzung das Feuer eröffnete und damit den Aufstand auslöste. Die Aufständischen errichteten Barrikaden und steckten das Opernhaus in Brand, der König und die Minister flohen auf die Festung Königstein. Mit Hilfe preußischer Truppen gelang den sächsischen Soldaten die Niederschlagung des Aufstandes. Semper und Wagner, an der Errichtung von Barrikaden beteiligt, flohen wie andere Aufständische ins Ausland. Nach der Rückkehr Augusts im Juli folgte die politische Restauration. Auf die Wirtschaft traf dies nicht zu. In der zweiten Hälfte des 19. Jahrhunderts siedelten sich weitere Unternehmen in der Stadt an. Zu diesen gehörten unter anderem die Felsenkellerbrauerei, der Nähmaschinenhersteller Clemens Müller, der bald zum größten europäischen Hersteller avancierte, der Näh- und Schreibmaschinen- sowie Fahrradproduzent Seidel & Naumann, der Steingutbetrieb Villeroy & Boch, der zum bedeutendsten Keramikproduzenten in Deutschland wurde, die Compagnie Laferme als erste deutsche Zigarettenfabrik sowie verschiedene Unternehmen zur Herstellung von Fotopapier. Dresden musste den Vergleich mit anderen

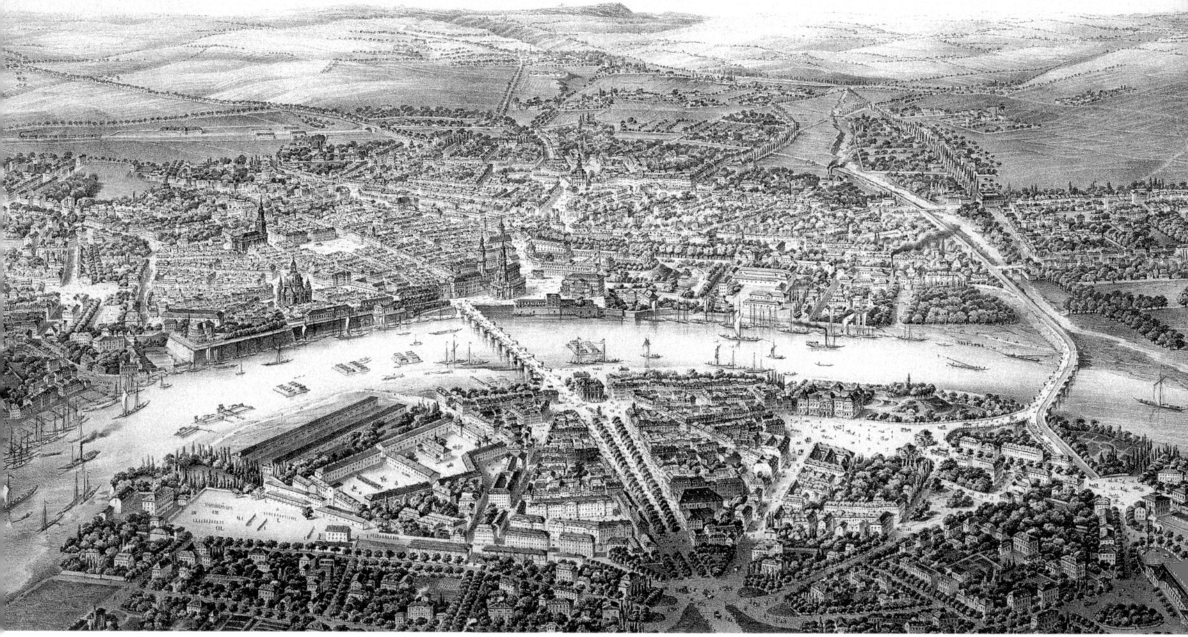

Stadt aus der Vogelperspektive mit Synagoge, Lusthaus, Frauenkirche, Kreuzkirche, Schloss, Hofkirche, Zwinger, Semperoper usw., Litographie von H. Walther 1852

deutschen Großstädten also nicht scheuen und nahm in einigen Branchen wie der Schokoladen- und Zigarettenherstellung sogar eine führende Rolle in Europa ein. Dennoch waren es vor allem die Baudenkmäler und Kunstschätze, welche die Ausstrahlung der Stadt ausmachten.

Durch die andauernde wirtschaftliche Prosperität entwickelte sich Dresden nach und nach zur Großstadt. Kurz nach der Jahrhundertmitte überschritt die Einwohnerzahl Dresdens die 100 000. 1870 zählte Dresden bereits 177 000 Einwohner. Im Preußisch-Österreichischen

Krieg von 1866 war Sachsen Bündnispartner Österreichs. Die Preußen besetzten Dresden und schlugen die habsburgischen Truppen bei Königgrätz. 1870/71 war Sachsen im Deutsch-Französischen Krieg Vasall der Preußen. Nach der Kapitulation von Paris erfolgte die Gründung des deutschen Kaiserreiches und die Proklamation des Preußenkönigs Wilhelm zum Kaiser in Versailles. Sachsen wurde zum Bundesland mit Dresden als Hauptstadt. Nach der Friedensfeier im März folgte im Juli der feierliche Einzug der heimkehrenden sächsischen Truppen in Dresden. Die Stadt profitierte von der Zahlung der Kriegskontributionen Frankreichs, die ein regelrechtes Gründerfieber auslösen. Bis Anfang der Siebziger erfolgte vor allem im Banken- und Baugewerbe die Bildung zahlreicher neuer Aktiengesellschaften wie der Dresdner Bank. Als 1873 der Börsenkrach die Weltwirtschaftskrise auslöste, kam es auch in Dresden zum Konkurs zahlreicher Aktiengesellschaften und zur Schließung vieler Klein- und Familienbetriebe. Aufgrund der Vielschichtigkeit und Spezialisierung der Gewerbebetriebe hielten sich die Krisenerscheinungen jedoch vergleichsweise in Grenzen, so dass durch die weitere Etablierung verschiedener Branchen und Industriezweige und den ständigen Zustrom an Arbeitskräften in Dresden eine weitere wirtschaftliche Aufwärtsentwicklung zu verzeichnen war. Ein Beispiel dafür ist unter anderem die Kamerafabrikation, welche später die erste Spiegelreflexkamera der Welt hervorbrachte. Mit der wirtschaftlichen Entwicklung ging der weitere Anstieg der Einwohnerzahl auf 276500 im Jahre 1890 einher. Dies hatte wiederum die Verbesserung der städtischen Verkehrswege- und -mittel zur Folge. So wurden in der zweiten Hälfte des 19. Jahrhunderts der Böhmische Bahnhof (bzw. Hauptbahnhof), der Wettiner Bahnhof (Mitte), der Neustädter Bahnhof, die Standseilbahn, der Alberthafen, die Marien-, Albert-, Carola-, und Eisenbahnbrücke sowie 1893 das Blaue Wunder als erste strompfeilerfreie Hängebrücke Europas errichtet. Zur Ergänzung des Personentransports durch Pferdeomnibusse, Droschken, Fiaker, Boote und Fähren wurde eine eingleisige Pferdebahn gebaut. 1893 fuhr in Dresden die erste elektrische Straßenbahn Sachsens. Zur Versorgung der Straßenbahnen und der elektrischen Straßenlaternen wurde Ende des Jahrhunderts das erste Elektrizitäts-Lichtwerk und 1900 ein kombiniertes Fernheiz-Elektrizitätswerk errichtet. Des Weiteren erfolgte im 19. Jahrhundert die Verbesserung der Wasserver- und Abwasserentsorgung Dresdens durch den Bau des ersten Dresdner Wasserwerks und den Ausbau des Kanalisationssystems. Weiterhin entstanden in Dresden mehrere Schulen sowie Markthallen und Warenhäuser wie das Kaufhaus Renner, das sich zu einem der größten deutschen Warenhäuser entwickelte. Die zahlreichen neuen Verwaltungs-, Geschäfts- und Wohngebäude dieser Zeit wie z. B. das Viktoriahaus, das Polizeipräsidium, das Neue Rathaus oder das Amtsgericht zeigen deutlich die Nachwirkungen der Renaissance-Rezeption Sempers, dessen zweiter Opernbau bis 1878 errichtet wurde. Bis 1901 erfolgte die grundlegende Neugestaltung des Schlosses im Stil der deutschen Frührenaissance. 1878 wurde auch das Kasernen-Versorgungs-Arsenalgebäude am nördlichen Stadtrand gebaut, die derzeit größte und modernste Kasernenstadt Europas. Weitere bauliche Veränderungen entstanden durch den Bau der Kunstakademie und des Ständehauses auf der Brühlschen Terrasse. Zur Verschönerung des Stadtbildes wurden zahlreiche Denkmäler und Brunnen errichtet. Dresden galt im 19. Jahrhundert auch als Hochburg des Gartenbaus. Die Gartenbaudynastie Seidel wurde durch ihre Rhododendron- und Azaleenzucht international bekannt. 1896 wurde der neu errichtete Ausstellungspalast mit der Zweiten Internationalen Gartenbauausstellung eingeweiht, ein Jahr später fand dort die Erste Deutsche Kunstausstellung statt. Im Juni 1889 ereignete sich in Dresden die 800-Jahrfeier des Herrscherhauses Wettin, bei der ein Festumzug durch die mit Blumen und Fahnen geschmückte Stadt zog. Das verheerende Hochwasser von 1890 mit einem Elbpegel von 8,37 Metern führte zu verschiedenen Maßnahmen wie der Begradigung der Elbe, dem Bau von Flutrinnen und der Verlegung der Weißeritzmündung 4,5 km flussabwärts. Auf dem alten Flussbett wurden die Hauptmarkthalle, die Yenidze und Kühl- bzw. Lagerhallen errichtet.

Das neue Wahlgesetz für Sachsen von 1896, welches sich an das preußische Dreiklassenwahlrecht anlehnte, stieß vor allem in Dresden auf heftige Proteste, da es praktisch den Ausschluss der SPD aus dem Landesparlament bedeutete. Die Partei hatte bei der Reichstagswahl von 1893 in Dresden 46% der Stimmen und damit das Doppelte vom Reichsdurchschnitt erhalten. Massenkundgebungen und Streiks, die unter anderem eine demokratische Wahlgesetzgebung forderten, waren in Dresden an der Tagesordnung. 1905 wurde das Wahlrecht schließlich abgewandelt, blieb aber an Grundbesitz und das schwer zu erlangende Bürgerrecht gebunden, was den Ausschluss der vorwiegend SPD-wählenden unteren Schichten bedeutete. Durch die Eingemeindung der Vororte Strehlen, Striesen und Pieschen Ende des 19. und die Eingemeindung von Mickten, Trachau, Übigau und anderer Vororte Anfang des 20. Jahrhunderts wurde Dresden zur modernen

Halbmillionenstadt. Mit circa 515 000 Einwohnern war Dresden im Jahre 1905 nach Berlin, Hamburg und München die viertgrößte deutsche Stadt. Stadtbaurat Hans Erlwein prägte die bauliche Entwicklung Dresdens bis zum Ersten Weltkrieg und errichtete zahlreiche Bauten wie z. B. den Schlachthof, den Speicher, das Italienische Dörfchen, den Gasspeicher in Reick, das Tolkewitzer Krematorium und mehrere Schulen. Insgesamt werden ihm in Dresden über 120 Bauwerke zugeschrieben. In den Vororten entstanden um 1900 zahlreiche, vorwiegend evangelische Kirchenbauten im neuromanischen und neugotischen Stil. Kunst, Kultur und Wissenschaft Dresdens erleben auch im 20. Jahrhundert starke Impulse. Durch das Wirken hervorragender Musiker, Schauspieler und Komponisten, die Erstaufführungen der Strauss-Opern *Salome, Elektra* und *Der Rosenkavalier* sowie den Bau neuer Spielstätten wie das Schauspielhaus am Zwinger konnte Dresden seinen internationalen Ruf als eine europäische Hochburg der Theater- und Musikkultur behaupten. Seinen Ruf als Kunststadt untermauerte Dresden durch die Bildung verschiedener avantgardistischer Künstlerverbände wie der Dresdner Künstlervereinigung und mit der weiteren Ansiedlung namenhafter Künstler wie z. B. Robert Sterl, Carl Bantzer, Paul Wallot und Georg Wrba. Epochemachend war aber vor allem die Gründung der Künstlergruppe „Die Brücke“ im Jahre 1905 durch Karl Schmidt-Rotluff, Ernst Ludwig Kirchner, Erich Heckel und Fritz Bleyl, die Dresden zum Geburtsort des deutschen Expressionismus werden ließ. Für das Ansteigen des Besucherstromes sorgten aber nicht nur die vielfältigen kulturellen Angebote und Veranstaltungen, sondern auch sportliche Wettkämpfe, Tanzlokale und Ballhäuser, Attraktionen wie der Zirkus Sarrasani und die Ausstellungsaktivitäten Dresdens. Ein Beispiel dafür ist unter anderem die Erste Internationale Hygieneausstellung von 1911. Dresden hatte sich durch die Entwicklung des *Odol*-Mundwasser und der ersten Zahnpasta *Chlorodont* als „Stadt der Hygiene“ einen Namen gemacht, was 1930 in der Zweiten Internationalen Hygieneausstellung im Hygienemuseum gipfelte.

Während des Ersten Weltkrieges wurde die Produktion der Dresdner Unternehmen auf Kriegsbedarf umgestellt und ein Lazarett im Ausstellungspalast eingerichtet. Trotz der Zustände etablierte sich der Film als neues Medium und es eröffneten zahlreiche Lichtspieltheater, die gemeinsam mit den Theatern zum Kriegsende hin jedoch nach und nach wieder geschlossen wurden. Mit zunehmender Verschlechterung der Versorgungslage kam es in Dresden zu Arbeiterstreiks und Demonstratio-

Blick auf Dresden umgeben von 24 Sehenswürdigkeiten, Litographie von C. W. Arldt 1854

nen gegen die Fortsetzung des Krieges und zur Bildung von Arbeiter- und Soldatenräten. Die nationalistisch-konservativen Kräfte in Dresden hingegen agitierten für einen „Siegfrieden“. Im November 1918 floh die königliche Familie nach Moritzburg. König Friedrich August III. unterzeichnete am 13. November die Abdankungsurkunde und verabschiedete die Regierungsgeschäfte mit den legendären Worten: „Macht doch Euren Dreck alleene!“ Im Zirkus Sarrasani wurde nach über 800-jähriger Herrschaft des Hauses Wettin die Republik ausgerufen. Dresden wurde zur Hauptstadt des Freistaates Sachsen und hatte circa 14 000 Kriegsgefallene zu beklagen. Im Februar 1919 erhielt die SPD gemeinsam mit der USPD mit 43 von 84 Mandaten die Mehrheit im Stadtparlament und hielt ihre Vormachtstellung bis 1930. Die Nachkriegszeit war in Dresden und Sachsen wegen der schlechten sozialen Lage zunächst von Demonstrationen und Streiks bestimmt. In den Jahren nach 1924, den sogenannten „Goldenen Zwanzigern“, folgte eine rasche wirtschaftliche Gesundung, die durch Arbeitsbeschaffungsmaßnahmen wie den Straßenbahnbau und eine rege Bautätigkeit gekennzeichnet war. Es entstanden weitere Gebäude für die Technische Hochschule, das Kugelhaus, das Hochhaus am Albertplatz und weitere Filmtheater wie z. B. die Schauburg. Dresdner Großunternehmen wie Zeiss-Ikon, hervorgegangen aus der Fusion der Ernemann-Werke mit anderen deutschen Werken, Seidel und Naumann, die Dresdner Gardinen- und Spitzenmanufaktur AG, die Siemens-Glasfabrik, Villeroy und Boch, das Sachsenwerk, die Eschebachwerke, das Fotopapierunternehmen Mimosa, die Zigarettenfirmen und Schokoladenfabriken konnten expandieren und lieferten in alle Welt. Die kurze wirtschaftliche Blütezeit endete im Oktober 1929 auch für Dresden mit dem „Schwarzen Freitag“, der durch zahlreiche Bankenzusammenbrüche die Weltwirtschaftskrise einleitete. Circa 700 Betriebe stellten in Dresden die Produktion ein. Im Bereich der Kunst hatte Dresden auch nach dem Krieg das Wirken bedeutender künstlerischer Vereinigungen wie der „Dresdner Sezession – Gruppe 1919“ mit Conrad Felixmüller, Otto Dix, Lasar Segall und anderen sowie der „Assoziation revolutionärer bildender Künstler Deutschlands“ (ASSO), zu verzeichnen. Die „Dresdner Sezession 1932“, vertreten von Künstlern wie Griebel, Querner und Lachnit, existierte bis 1934. Die Dresdner Bühnen inszenierten expressionistische Dramen z. B. von Kokoschka, während Literaten wie Heinar Schilling und andere die Expressionistische AG Dresden gründeten. Der Roman *Krieg* des Dresdners Ludwig Renn von 1928 wurde weltbekannt. Die aus dem Gewerbeorchester hervorgegangene Dresdner Philharmonie erlangte nach den Jahren des Krieges unter der Leitung von Fritz Busch, Generalmusikdirektor der Sächsischen Staatskapelle und Operndirektor, internationale Geltung, wie es Konzertreisen in die USA belegen. In Dresden wurden in den Zwanzigern die Strauss-Opern *Intermezzo* und *Die ägyptische Helena* uraufgeführt sowie Opern von Verdi und Puccini gezeigt. Mary Wigmann richtete 1920 eine Tanzschule ein, aus der die berühmte Tänzerin Margarethe Paluka – sie nannte sich später Gret Palucca – hervorging. Als führende Vertreterin des neuen künstlerischen Tanzes gründete sie 1925 ihre eigene Tanzschule.

Nach der Machtübernahme durch die Nationalsozialisten 1932/33 begann auch in Dresden die Demontage von Demokratie und kommunaler Selbstverwaltung. Die Auflösung des Stadtrates, zahlreiche Amtsenthebungen im öffentlichen und betrieblichen aber auch im Bildungs- und Kulturbereich, Verhaftungen und Verurteilungen von Sozialdemokraten und Kommunisten und die Gleichschaltung der Presseorgane vollzogen die Umgestaltung Dresdens zur nationalsozialistischen Stadt. Hitler wurde 1934 zum Ehrenbürger ernannt, der Theaterplatz daraufhin in Adolf-Hitler-Platz umbenannt und der große Saal des Ausstellungspalastes für Großveranstaltungen der NSDAP umgebaut. Maßnahmen der Wirtschaftsförderung wie der Autobahn- und Flughafenbau bewirkten in Dresden ähnlich anderen Städten einen wirtschaftlichen Aufschwung. 1935 eröffnete der Flughafen Klotzsche, ein Jahr später wurde zwischen Wilsdruff und Dresden Altstadt der erste Abschnitt der Reichsautobahn in Sachsen eingeweiht. Die städtischen Anlagen wie der Schlachthof und die Stadtentwässerung wurden ausgebaut, Straßenbahnlinien erweitert sowie Wohnsiedlungen saniert und gebaut. Alle nicht kriegsrelevanten Baumaßnahmen wurden jedoch zunehmend eingestellt, so dass Bauvorhaben wie das Gauzentrum nicht mehr zustande kamen. Die Industrie wurde in den Dreißigern nach und nach auf Aufrüstung umgestellt, so fertigte z. B. Zeiß-Ikon Bombenzielgeräte und das Sachsenwerk Radargeräte. Dresden stand derzeit unter den deutschen Industriestädten an sechster Stelle. Die Stadt galt auch nach wie vor als eine der bedeutendsten Theater-Metropolen und stand mit 8 145 Theaterplätzen an der Spitze des Reiches. Seit 1934 wurden in der Stadt die Reichstheaterfestwochen veranstaltet und mit der Oper *Die schweigsame Frau* erfolgte eine weitere Strauss-Uraufführung. Die moderne Kunst jedoch war in Dresden wie anderswo der Diffamierung und Verfolgung durch das Regime ausgesetzt. 1933 und 1935 fand im Rathaushof eine Ausstellung mit dem Titel „Spiegelbilder des Verfalls in der Kunst“ statt, in deren Mittelpunkt vor allem Werke expressionistischer Künstler standen. Nachdem man sie in mehreren deutschen Städten gezeigt hatte, wurde sie 1937 in die Münchner Ausstellung „Entartete Kunst“ integriert. Das Hygienemuseum wurde durch seine Ausstellungen und die Eröffnung der Staatsakademie für Rassenpflege zur Propagandazentrale der nationalsozialistischen Rassenideologie. Einen Höhepunkt der Judenboykotte in Dresden bildete die Reichskristallnacht im November 1938, in der nach einer Kundgebung vor dem Rathaus jüdische Geschäfte geplündert und die Semper-Synagoge in Brand gesteckt wurde. 1941 brachte man einen großen Teil der Kunstschätze der Stadt vor möglichen Kriegseinwirkungen in Sicherheit und lagerte sie nach Schloss Wesenstein und an andere Orte aus. Im Sommer 1944 erfolgte die Schließung aller Bühnen, *Der Freischütz* war die letzte Aufführung der Semperoper. Bis zum Februar 1945 blieb Dresden als einzige deutsche Großstadt von größeren Kriegsschäden zunächst verschont. In der Nacht vom 13. zum 14. Februar bombardierten englische Flugzeuge kurz nach 22 Uhr und gegen 1.30 Uhr die Stadt und zerstörten vor allem das linkselbische Zentrum. Am 14. und 15. Februar folgten mittags weitere Bombardements durch amerikanische Flieger. Zwei letzte Angriffe amerikanischer Bomber erfolgten im März und April. Die Zerstörung Dresdens im Zweiten Weltkrieg beschreibt die schwerste Katastrophe in der Geschichte der Stadt. Die Zahl der 630 000 Einwohner, die Dresden nach den Eingemeindungen der zwanziger und dreißiger Jahre zählte, war nach dem Angriff 1945 auf 369 000 Einwohner dezimiert worden. Der Großteil der Kulturbauten, Häuser und Kirchen sowie die Elbbrücken waren zerstört bzw. stark beschädigt oder ausgebrannt. Nach der deutschen Kapitulation im Mai 1945 rückte die Rote Armee in Dresden ein und der sowjetische Kommandant Oberst Gorochow übernahm die Gewalt in der Stadt. Sofort begann die Bergung der Leichen, die Instandsetzung der Wasser-, Gas- und Elektrizitätsversorgung sowie die Enttrümmerung, bei der durch Abriss und Sprengung weitere rekonstruktionsfähige historische Bausubstanz verloren ging. So wurden die zerstörten Wohn- und Geschäftshäuser vor allem in der Altstadt nahezu vollständig niedergelegt. Rekonstruktions- und Sanierungsarbeiten begannen bereits 1945/46 mit den Arbeiten am Zwinger und an der Augustusbrücke sowie dem Wiederaufbau des Rathauses. Schon 1945 fuhren die ersten Straßenbahnen wieder und im Interimstheater fanden die ersten Theateraufführungen statt. Von August bis November 1946 ereignete sich in Dresden die Erste Deutsche Kunstausstellung, bei der Künstler wie Beckmann, Dix, Feininger, Klee, Kollwitz, Schmidt-Rotluff und andere vertreten waren. Des Weiteren öffneten 1946 die Technische Hochschule und das Hygienemuseum wieder ihre Türen, ein Jahr später auch die der Kunstakademie. Parallel zu Enttrümmerung und langsamer Wiederaufnahme des städtischen Lebens erfolgte die Reorganisation der städtischen Verwaltung durch die Sowjets und die Bildung eines neuen Stadtrates. Im April 1946 vereinigten sich KPD und SPD zur SED, die bei den ersten Gemeindewahlen in Dresden mit 48,4% stärkste Partei wurde.

Nach der Gründung der DDR übergab Oberst Bordnikov, Stadtkommandant der SMAD, die Verwaltungsvollmacht an den Dresdner Stadtrat. Dresden verlor den Status als Landeshauptstadt und wurde eine von drei sächsischen Bezirksstädten. 1950 wurden Klotzsche, Hellerau und andere Vororte eingemeindet und bis Mitte der fünfziger Jahre hatte Dresden wieder 496 550 Einwohner. 1952 erfolgte die Teilung der Stadt in neun Stadtbezirke. Im Mai 1953 proklamierte Ulbricht die sozialistische Umgestaltung der Stadt, die noch im gleichen Jahr auf dem Altmarkt begann. 1954 war die Rekonstruktion des Hauptbahnhofs vollendet und ein Jahr später fand die Weihe der wiedererrichteten Kreuzkirche statt, die nach der Annenkirche als zweite Kirche wieder aufgebaut wurde. Die Neueröffnung der Hofkirche erfolgte erst 1962. Ein Großteil der Betriebe war im Krieg zerstört worden, der Rest wurde zum Teil demontiert oder seit Ende der vierziger Jahre verstaatlicht. Die wirtschaftlichen Schwierigkeiten der DDR, gekennzeichnet durch Materialmangel, Unrentabilität und Plandiktat, ließen die Unzufriedenheit der Bevölkerung schnell anwachsen und eine zunehmende Republikflucht einsetzen. Im Juni 1953 streikten die Arbeiter des Sachsenwerks und der benachbarten Firma ABUS. Sie forderten ökonomische Verbesserungen und die Beseitigung der Regierung. Die Revolte wurde durch den Aufmarsch der Sowjetarmee beendet und hatte zahlreiche Entlassungen und Verhaftungen zur Folge. 1955 eröffnete der Physiker Manfred von Ardenne sein Forschungsinstitut auf dem Weißen Hirsch, das zum Leitinstitut für Elektronenstrahltechnologie in der DDR wurde. Im Jahr darauf wurde in Dresden der erste Rechenautomat erfunden und 1957 stand der erste Atomreaktor des Landes in Rossendorf. Jedoch scheiterte das Ziel, Dresden zum Zentrum der Luftfahrtindustrie auszubauen und der VEB Flugzeugwerke wurde 1961 wieder aufgelöst. Kulturell gesehen ist die Entwicklung der Stadt in der DDR zwiegespalten. Die Konzerte zu Bachs 200. Todestag im Jahre 1950 sowie die Premiere der *Daphne* von Strauss knüpfen an ältere Traditionen an, die ideologische Disziplinierung der Kunst und die staatlichen Restriktionen, die viele Künstler in die Flucht schlugen, führten jedoch zum katastrophalen Niveauverlust. Auf den Kunstausstellungen zeigten heroisierende Produktions- und Historiengemälde, Aktivistenporträts und Bilder forcierter Lebensfreude die sich stabilisierende sozialistische Ästhetik. 1956 erfolgte nach der Rückgabe der im Sinne der Reparationsansprüche durch die Sowjetregierung konfiszierten Gemälde die Wiedereröffnung der teilrekonstruierten Gemäldegalerie als Höhepunkt der 750-Jahr-Feier. In den sechziger Jahren kam es zu bedeutenden baulichen Veränderungen in Dresden. Der Generalbebauungsplan von 1967 sah den Umbau Dresdens zur funktionellen, weiträumig bebauten Stadt vor. Das umfangreichste Projekt dieser Jahre war der Neubau der Prager Straße. Weitere Bauten dieser Zeit sind der Kulturpalast, das Haus der Presse, das Robotrongelände am Pirnaischen Platz, der sogenannte „Fresswürfel“ am Postplatz und der Fernsehturm. In den siebziger Jahren entstanden neben Neubauvierteln wie in Prohlis, Kaufhallen sowie mehrere Schulen und Kindergärten. Außerdem wurde das letzte Stück der Autobahn nach Leipzig vollendet. Nach acht Jahren Bauzeit eröffnete 1978 das Zentrum Warenhaus auf der Prager Straße. Das wohl bedeutendste Ereignis der achtziger Jahre war neben der Rekonstruktion des Schlosses und des Stallhofes die Wiedereröffnung der Semperoper am 13.2.1985 mit einer Live-Übertragung in 19 Länder. Im Frühjahr 1989 nahm die Ausreisewelle bisher unerreichte Ausmaße an, so dass die DDR die Grenze zur Tscheches-lowakei schloss, was Anfang Oktober zu Demonstrationen vor dem Dresdner Hauptbahnhof führte, in denen vor allem Reise-, Presse- und Demonstrationsfreiheit sowie freie Wahlen gefordert wurden.

Nach dem Rücktritt Honeckers und dem Fall der Mauer im November 1989 besuchte Bundeskanzler Helmut Kohl Dresden und wurde von der Bevölkerung umjubelt. Im Mai 1990 erfolgte die Neuwahl der Stadtverordnetenversammlung, nach der CDU und PDS an der Spitze der Stadtverwaltung standen. Herbert Wagner wurde als Oberbürgermeister gewählt, ihm folgte 2001 Ingolf Roßberg. Im Zuge der Wiedervereinigung wurde Dresden zur Landeshauptstadt des neuen Freistaates Sachsen. Nach der Wende gingen zahlreiche Betriebe wie die Schokoladenfabrik „Elbflorenz“ in Insolvenz und stellten die Produktion ein. Es erfolgte die Reprivatisierung durch die Treuhand und der Verkauf zahlreicher Betriebe in westdeutsche Hände sowie die Ansiedlung neuer westdeutscher Firmen wie Infineon oder VW. Neben dem Bau des WTC, des Landtags und des Kristallpalastes schritten in den neunziger Jahren durch finanzielle Hilfen die Sanierungsarbeiten an Brühlscher Terrasse, Sempergalerie, Schloss, Taschenbergpalais usw. schnell voran. 1992 wurde der Wiederaufbau der Frauenkirche beschlossen. Mit ihrer Vollendung und Weihe am 30. Oktober 2005 erhielt Dresden seine großartige Silhouette zurück. Bei dem verheerenden Hochwasser vom August 2002 erreichte die Elbe einen historischen Höchststand von 9,40 Meter. Der Bund stellte umfangreiche Finanzmittel für die Flutopfer und die Wiederherstellung der Infrastruktur zur Verfügung. 2003 begann der Wiederaufbau des Neumarktes.

2013 wurde die umstrittene Waldschlösschenbrücke eröffnet, mit deren Bau man bereits 2007 begonnen hatte und die der Grund dafür war, dass dem Dresdner Elbtal 2009 von der UNESCO der 2004 verliehene Welterbe-Status wieder entzogen wurde.

Bilder erzählen vom alten Dresden

Die folgenden Seiten erzählen dem Leser anhand von zahlreichen Bildern von einem Dresden, wie es einst war. Ansichten um 1900 vermitteln ein genaues Bild der Elbestadt vor ihrer Zerstörung in der Bombennacht des 13. Februar 1945. Sie ermöglichen uns den Blick auf Plätze, Straßen und Gebäude des alten Dresden und beschreiben anhand der unzäh-

Der Altmarkt mit Blick in Richtung Rathaus. Rechts das Kaufhaus Renner. Links daneben der Turm der Kreuzkirche. Daran anschließend eine Reihe von Geschäfts- und Wohnhäusern. Im Zentrum das Germania-Denkmal.

Blick auf den Altmarkt in Richtung König Johannstraße und Frauenkirche. Links und rechts die zahlreichen Geschäfte und Restaurants. Renaissancegiebel wechseln mit barocken Schmuckfassaden und Häusern im Gründerzeitstil.

ligen Ausschnitte eingefrorener Realität ein Gesamtbild der Stadt vor dem Krieg. Auch wenn uns die vielen Ansichten vor allem die schweren Verluste schmerzlich bewusst machen, so lassen sie auch die langjährigen Mühen des Wiederaufbaus vieler Baudenkmäler erahnen, die heute das Bild der Stadt wieder schmücken.

Altstadt

Altmarkt

Der Altmarkt ist der älteste Platz der Stadt und erhielt seinen Namen „Alter Markt" als Unterscheidung vom Neumarkt beim Einbezug der Siedlung an der Frauenkirche in die

Stadt im 16. Jahrhundert. Der anfänglich von Fachwerkhäusern umgebene Platz war das Zentrum der mittelalterlichen Stadt und mit circa 110 mal 120 Metern kleiner als heute angelegt. Südöstlich befand sich die ehemalige Nikolaikirche, heute als Kreuzkirche bekannt. Ein frei im Norden des Marktplatzes stehendes Kaufhaus bzw. Rathaus wurde Ende des 13. Jahrhunderts erstmalig erwähnt. Der ursprünglich gotische Bau wurde im 15. und 16. Jahrhundert in Renaissanceformen verändert. 1707 erteilte August der Starke den Befehl zum Abriss des Rathauses, das die Tierhatzen und andere Festlichkeiten einengte. Der Neubau wurde Mitte des 18. Jahrhunderts an der Westseite errichtet. Im 19. Jahrhundert entstanden am Altmarkt zahlreiche Restaurants und Geschäfte wie z. B. das Kaufhaus Renner. In den Untergeschossen der Häuser wurden zahlreiche Ladenpassagen eingerichtet und in der Platzmitte wurde das Denkmal der Germania aufgestellt.

Zur Erinnerung an die sächsische Beteiligung im Deutsch-Französischen Krieg von 1870/71 befand sich seit Ende des 19. Jahrhunderts die Statue der Germania von Robert Henze auf dem Altmarkt. Die kollossale Figur stand mit dem Banner in der erhobenen rechten Hand und mit der linken Hand auf das Schild gestützt auf einem mächtigen Sockel. Umgeben war sie von den vier allegorischen Figuren Frieden, Wehrkraft, Wissenschaft und Religion.

Die König-Johann-Straße, der östliche Teil der späteren Wilsdruffer Straße, bildete seit 1885 die Verbindung vom Altmarkt zum Pirnaischen Platz. Nach der Prager Straße war sie die derzeit wichtigste Einkaufsmeile der Stadt.

Kreuzkirche

Die ehemalige Nikolaikirche wurde vermutlich schon in der zweiten Hälfte des 12. Jahrhunderts als romanische Basilika am Markt errichtet und war dem heiligen Nikolaus als Schutzpatron der Kaufleute geweiht. Constanze von Österreich, die Gemahlin Heinrich des Erlauchten, brachte 1234 einen Splitter vom Kreuz Christi mit, der die Kirche zum bedeutenden Wallfahrtsort werden ließ. Nach dem Anfügen der Kreuzkapelle an der Südseite wurde sie im 14. Jahrhundert als Kirche „Zum heiligen Kreuz“ neu geweiht. Im 15. Jahrhundert erfolgte der gotische Neubau des Chores und die Umwandlung in eine dreischiffige Hallenkirche. Nach der Zerstörung durch den Stadtbrand von 1491 wurde sie unter der Leitung von Hans Reinhart und seinem Nachfolger Conrad Pflüger bis Ende des Jahrhunderts wieder hergestellt. 1539 löste die Kreuzkirche die Frauenkirche als Hauptpfarrkirche ab. 1579–84 wurde nach einem Entwurf von Hans Walther der Westturm errichtet. Nach den Schäden durch die preußische Beschießung von 1760 erfolgte der Wiederaufbau durch Johann Georg Schmidt und Christian Friedrich Exner. Der Turm stammte von Gottlob August Hölzer. 1792 wurde die Weihe des barock-klassizistischen Baus vollzogen. Nachdem die Kreuzkirche 1897 erneut ausbrannte wurde sie bis 1900 durch Julius Gräbner und Rudolf Schilling wieder aufgebaut. Die Innenausstattung erfolgte in den Formen des Neubarocks und Jugendstils.

Der zweigeschossige Baukörper mit Mezzanin erhebt sich als dreischiffige Halle über rechteckigem Grundriss und schließt östlich halbrund ab. Der markante Westturm ist dem Hofkirchturm Chiaveris entlehnt. Die Fassade ist durch Pilaster und Rundbogenfenster gegliedert und an den Längsseiten befindet sich je ein Portal, welches von Dreiviertelsäulen flankiert und einem Dreiecksgiebel bekrönt wird.

Das alte Rathaus an der Westseite des Altmarktes war 1741–45 von Knöffel und Fehre errichtet worden und fasste mehrere Gebäude hinter einer einheitlichen Fassade zusammen. Über einem Sockelgeschoss als Ladenzone befanden sich zwei Obergeschosse, darüber ein breiter Sims und ein niedrigeres drittes Obergeschoss. Die Gliederung der Fassade erfolgte durch Lisenen, Rechteckfenster und zwei Risalite mit Balkonen und Trophäenschmuck in der Dachzone.

Rathaus

Mit der wachsenden Verwaltung der Stadt genügte das alte Rathaus nicht mehr. Nach den Vorgängerbauten am Altmarkt wurde 1905–10 das Neue Rathaus am Dr.-Külz-Ring nach Entwürfen von Karl Roth durch Edmund Bräter ausgeführt. Die viergeschossige mehrflügelige Anlage gruppierte man um fünf Höfe und gestaltete sie im Stil der Neurenaissance mit barocken Motiven und Jugendstilelementen.

Dem umfangreichen Neubau des Neuen Rathauses fielen zahlreiche Gebäude wie z. B. die Superintendentur zum Opfer.

oben: Das Neue Rathaus trägt über einem als offener Bogenhalle gestalteten Sockelgeschoss drei Obergeschosse und ein Dachgeschoss mit zwei Dachreitern. Die plastische Gliederung der Fassade erfolgte durch vorgelegte Säulen, Balustraden, Skulpturen und Segmentbögen.

unten links: Auf der Spitze des fast 100 Meter hohen achtseitigen Turmes des Neuen Rathauses befindet sich seit 1908 der von Richard Guhr geschaffene Rathausmann. Die männliche Figur aus vergoldeter Bronze trägt eine Mauerkrone und symbolisiert den Schutzpatron Herkules. Mit der rechten Hand weist sie über die Stadt, während sie mit der linken Hand ihr Füllhorn ausgießt.

unten rechts: Am Eingang zum Ratskeller wurde der bronzene, 1910 von Georg Wrba erschaffene, auf einem Esel sitzende Bacchus platziert, der bis heute an diesem Ort verblieb. Das Berühren der inzwischen schon blank polierten Zehe soll Glück bringen.

Blick in die Waisenhausstraße. Rechts der prachtvolle Neobarockbau des Centraltheaters.

Der dreigeschossige Theaterbau verfügte über eine abwechslungsreiche Fenster- und eine reiche plastische Fassadengestaltung. Den oberen Abschluss bildete eine prachtvoll geschwungene Bekrönung aus Muschelformen und vegetabilen Elementen.

Centraltheater

Das Centraltheater wurde um 1900 von William Lossow und Ferdinand Herrmann Viehweger anstelle des Palais Boxberg auf der Waisenhausstraße erbaut. Es zeichnete sich durch einen überschwänglich neobarocken Stil mit überreichen dekorativen Details aus. Nachdem es 1945 ausbrannte, wurde es jedoch abgebrochen.

Gewandhaus

Das alte städtische Gewandhaus befand sich ursprünglich am Neumarkt. Es war Ende des 16. Jahrhunderts von Paul Buchner errichtet worden und fiel 1760 der preußischen Beschießung zum Opfer. Ende des 18. Jahrhunderts wurde es wegen Baufälligkeit abgebrochen, nachdem das neue Gewandhaus östlich des Altmarktes fertig gestellt war. Der Neubau wurde 1768–70 nach Plänen Johann Friedrich Knöbels errichtet. Das Gewandhaus beherbergte ursprünglich die Verkaufsstände der Metzger im Erdgeschoss und die Arbeitsräume der Gewandschneider im Obergeschoss.

Das dreigeschossige Gewandhaus wurde in den beiden Obergeschossen in sparsamer Weise durch Lisenen sowie Segment- und Dreiecksgiebel gegliedert und mit einem hohen Mansarddach versehen. Der dreifenstrige Mittelrisalit an der Hauptfront trägt einen Dreiecksgiebel mit Ovalfenster. Über dem Eingangsportal prangt das Stadtwappen.

Das Viktoriahaus an der Prager Straße. Über einem Sockelgeschoss mit Schaufenstern lagen drei Obergeschosse und ein Halbgeschoss sowie mehrgeschossige Giebel. Der Hauptgiebel trug einen Dachreiter, während die mehrgeschossigen Eckerker von Kuppeln bekrönt waren.

Blick in die Prager Straße mit ihren Geschäfts- und Wohnhäusern.

Prager Straße

Die Prager Straße wurde Mitte des 19. Jahrhunderts als Durchbruch von der Innenstadt zum Böhmischen Bahnhof (heute Hauptbahnhof) angelegt. Die Jungfernfahrt des ersten Zuges von Dresden nach Prag ereignete sich in diesen Jahren, was der Straße vermutlich zu ihrem Namen verhalf. Bis zur Jahrhundertwende wandelte sie ihr Aussehen völlig, da die älteren Bauten modernen Geschäfts- und Verwaltungsbauten weichen mussten. Seither ist die Prager Straße die belebteste Geschäftsstraße der Stadt. 1891/92 entstand unter anderem das prächtige Viktoriahaus von Lossow und Viehweger, ein Geschäftshaus in den Formen der deutschen Renaissance.

Anfang des 20. Jahrhunderts eröffnete das Kaisercafé an der Prager Straße, eines der wenigen Gebäude die den Einfluss des Jugendstils zeigen. Einen besonderen Akzent verlieh man dem fünfgeschossigen Haus am Wiener Platz durch die Eckgestaltung mit drei Türmen.

Der Böhmische Bahnhof. Das sich bis 1894 an der Stelle des späteren Hauptbahnhofes befindende Bahnhofsgebäude war ein massiver dreigeschossiger Bau mit Rustikaquaderung. Die beiden Kopfbauten waren durch einen Mittelrisalit mit Dreiecksgiebel betont und durch eine Pfeiler- bzw. Säulenhalle miteinander verbunden.

Die Vorderansicht des Hauptbahnhofes wird bestimmt durch die mächtige Kuppel über der zweigeschossigen, von zwei Uhrtürmen flankierten Fassade. Der Mittelrisalit mit dem gewaltigen Rundbogenfenster wird von einer Skulpturengruppe von Friedrich Rentsch bekrönt, welche die Saxonia mit den Allegorien der Wissenschaft und Technik an ihrer Seite zeigt.

unten: Blick von der Prager Straße in Richtung Hauptbahnhof. Links das Hotel New York und das Kaisercafé.

Hauptbahnhof – Wiener Platz

1897 wurde der neue Hauptbahnhof, ein kombinierter Durchgangs- und Kopfbahnhof anstelle des Böhmischen Bahnhofs eingeweiht. Der nach Entwürfen von Ernst Giese und Paul Weidner errichtete, seinerzeit modernste Bahnhof Deutschlands wurde aus Eisen, Glas und Sandstein erbaut und mit Motiven der italienischen Renaissance, Jugendstilelementen und singulären Barockmotiven versehen. Vor der weitgespannten Mittelhalle befindet sich das dreiseitig von Hallen umgebene quadratische Empfangsgebäude.

Der Hauptbahnhof mit der Prager Straße im Hintergrund. An der rechten Ecke das Kaisercafé.

Blick auf den Wiener Platz mit dem Hauptbahnhof zur Linken und dem Kaisercafé zur Rechten. Der Platz nördlich des Hauptbahnhofes war vor 1945 von einer weitgehend offenen Bebauung mit villenartigen Häusern gekennzeichnet.

Die dreigeschossigen Villen am Wiener Platz wurden aufgrund ihrer zentralen Lage zwischen Hauptbahnhof und Prager Straße als Hotels genutzt. Vorn rechts ist z. B. das Central Hotel zu sehen.

Die Russische Gesandtschaft wurde 1897 von Ludwig Wilhelm Lippold in neobarockem Stil errichtet. Nach den Kriegsschäden wurde das Gebäude vereinfacht wieder aufgebaut, erhielt nach der Wende ein modernes Dachgeschoss und wird heute als Landeskirchenamt der Sächsischen Landeskirche genutzt.

Der imposante Bau der russisch-orthodoxen Kirche mit ihren markanten Zwiebeltürmen.

Russisch-orthodoxe Kirche

Die dem heiligen Simon vom wunderbaren Berge geweihte Kirche entstand 1872–74 nach Plänen von Harald Julius von Bosse und wurde von Karl Weißbach in den typischen Formen des altrussischen Stils nahe der Russischen Gesandtschaft errichtet. Der quadratische Bau mit je einem halbrunden Annex an Nord- und Südseite wird von fünf Türmen mit blauen Zwiebelkuppeln, die je ein Kreuz tragen, bekrönt. Im Osten endet der Bau in einem Dreiapsidenschluss, während ihm im Westen eine niedrige Vorkirche mit Vorhalle vorgelagert ist, die ein Zeltdach mit vergoldeter Zwiebelkuppel und Kreuz trägt und durch eine Freitreppe betreten wird.

Theaterplatz

Der Theaterplatz bietet bis heute, umgeben von monumentalen Einzelbauten wie der Semperoper, der Gemäldegalerie, der Wache und der Hofkirche, einen prachtvollen Anblick. In seinem Zentrum steht das in den achtziger Jahren des 19. Jahrhunderts von Johannes Schilling erschaffene Reiterstandbild König Johanns.

Der Theaterplatz vom Brückenkopf der Augustusbrücke aus gesehen. Links der zweite Opernbau Sempers. Rechts das Italienische Dörfchen, im Hintergrund der Turm des Fernheizwerks.

Blick auf den Theaterplatz mit der Semperoper (links) und der Hofkirche (rechts). Im Zentrum das Reiterstandbild König Johanns. Im Vordergrund das bis 1860 von Ernst Rietschel und Georg Hermann ausgeführte Weber-Denkmal.

Semperoper

1664–67 errichtete Wolf Caspar von Klengel das erste Opernhaus am Taschenberg. Der einfache, flachgedeckte Bau mit zwei Rängen wurde 1691 von Starcke verändert und Anfang des 18. Jahrhunderts, nach dem Konfessionswechsel August des Starken, zur ersten katholischen Hofkirche umgestaltet. Nach der Errichtung der Hofkirche wurde das Gebäude 1755 zum Ballhaus umfunktioniert, dann Anfang des 19. Jahrhunderts erneut umgebaut und als Hauptstaatsarchiv genutzt, bis es schließlich 1889 durch Veränderung der Platzanlage abgebrochen wurde. Einen zweiten Opernbau errichtete Pöppelmann 1718/19 am Zwinger. Dieser brannte 1849 nieder. 1755 wurde in Fachwerk ein drittes Theater am Italienischen Dörfchen errichtet, welches wiederholt umgebaut und erweitert, nach Fertigstellung der ersten Semperoper 1841 jedoch abgerissen wurde. Dennoch ging es als Wirkungsstätte Webers und Wagners in die Geschichte ein. Seit 1804 gab es Pläne für einen Operneubau. Die Entwürfe von Schuricht, Thürmer, Thormeyer, Wolframsdorf und anderen kamen allerdings nicht zur Ausführung. 1837 legte Gottfried Semper seinen Forumplan vor, der den Zwinger durch eine an den französischen Pavillon anschließen-

Das König-Johann-Denkmal auf dem Theaterplatz.

Der erste Opernbau Sempers zeigte den deutlichen Rückgriff auf die Formensprache der italienischen Frührenaissance. Der halbkreisförmig hervortretende, zweigeschossige Zuschauerraum wurde durch Rundbogenfenster und vorgelegte Säulen sowie Figurennischen gegliedert. Darüber trat ein drittes, mit Pilastern und Reliefs versehenes Stockwerk hinter einer Balustrade zurück und wurde durch eine hohe, durchfensterte Attika abgeschlossen. Die dreigeschossigen Seitenanbauten waren durch Pilaster und Balustraden gegliedert, von einem Dreiecksgiebel bekrönt und mit einem eingeschossigen Vorbau versehen. Der reiche Figurenschmuck, der Schiller und Goethe, Shakespeare, Molières, Sophokles, Euripides und andere darstellte, stammte von Ernst Rietschel und Ernst Julius Hähnel. Radierung von C. Täubert, nach 1841.

Der zweigeschossige, segmentbogenförmige Arkadenbau der zweiten Semperoper wird in der Mittelachse durch eine breite Exedra mit großer halbkreisförmiger Nische unterbrochen, die durch eine Balustrade sowie Schillings bronzener Pantherquadriga mit Dionysos und Ariadne bekrönt ist. Seitlich der Exedra sind vier Musen aufgestellt. Das Untergeschoss des Arkadenbaus ist in Rustika gestaltet und mit Doppelpilastern versehen, während das Obergeschoss durch Halbsäulen und Reliefs gegliedert wird und mit einer Balustrade über dem Architrav abschließt. Den schmalen zweigeschossigen Seitenflügeln, welche die Gestaltung der Hauptfront im Wesentlichen fortführen, ist ein Bogengang vorgelagert. Sie tragen außerdem Figuren der klassischen und romantischen Bühnenkunst, die an der Elbseite z.B. Zeus, Prometheus und Antigone oder an der Zwingerseite Faust, Mephisto, Don Juan usw. darstellen. Die Skulpturen in den Fassadennischen, d.h. Sophokles und Shakespeare links sowie Molière und Euripides auf der rechten Seite und die Sitzfiguren Goethes und Schillers am Eingang wurden vom ersten Bau übernommen. In einem zurückgesetzten Bogen ist das dritte Stockwerk aufgesetzt, hinter dem sich der Dreiecksgiebel des kastenartigen Bühnenhauses erhebt.

Blick von der Brücke auf den Theaterplatz. Im Hintergrund Sempers zweiter Opernbau. Davor Helbig's Etablissement, das vielbesuchte Terrassenrestaurant.

de Orangerie und eine gegenüberliegende Bildergalerie erweitern sollte. Das neue Opernhaus wollte Semper neben der Orangerie platzieren. Weiterhin sah der Plan die Beseitigung des Italienischen Dörfchens und die Versetzung der Schinkel-Wache an die Elbe vor. Der Forumplan blieb unverwirklicht, nur das Opernhaus mit vier Rängen im Inneren wurde zwischen 1838 und 1841 ausgeführt. Das 1843 vor der Oper aufgestellte Rietschel-Denkmal, das König Friedrich August I. zeigt, wurde später in den Zwinger und schließlich ans Japanische Palais versetzt.

Nach dem Brand des ersten Semperbaus im Jahre 1869 wurde zunächst ein Interimsbau aus Holz errichtet. 1870 lagen bereits erste Pläne Sempers für einen Neubau vor, der 1871 an leicht zurückversetzter Stelle begonnen und unter der Leitung seines Sohnes Manfred Semper bis 1878 vollendet wurde. Der zweite Opernbau ist im Stil der italienischen Hochrenaissance gestaltet und beschreibt einen Höhepunkt in der Theaterbaugeschichte Europas. Im Inneren wurde das Gebäude reich mit Stuck, Marmor und aufwendigen Malereien ausgestattet.

Italienisches Dörfchen

Beim Bau der Hofkirche siedelten sich die italienischen Steinmetze in unmittelbarer Nähe des Bauwerks an der Elbe an. Die zahlreichen Wohnhäuser und Werkstätten wurden seither als „Italienisches Dörfchen“ bezeichnet, später jedoch wieder abgebrochen. Die nach dem Bau der Hofkirche hier entstandenen Häuser des Helbigschen Etablissements mußten 1910 der Anlage der Terassenuferstraße weichen. 1911–13 wurde nach dem Entwurf von Hans Erlwein ein neuklassizistischer Bau mit Renaissance- und Jugendstilelementen errichtet, der erneut die Bezeichnung „Italienisches Dörfchen“ erhielt und gastronomischen Zwecken dienen sollte. In unmittelbarer Nähe entstand 1912 das eingeschossige, neoklassizistische Basteischlösschen von Carl Hirschmann, einem Mitarbeiter Erlweins. Hinter dem Italienischen Dörfchen befand sich die 1817–20 erbaute Calberlasche Zuckersiederei, die seit der Mitte des 19. Jahrhunderts zum Hotel Bellevue umgebaut worden war.

Die Vorderansicht des Helbigschen Etablissements am Elbufer des Theaterplatzes.

Erlweins Italienisches Dörfchen wurde als eingeschossiger Hauptbau mit Rundbogenfenstern, Pilastergliederung und aufgesetztem Halbgeschoss errichtet. In der Mittelachse ist dem Gebäude beidseitig ein dreiachsiger Säulenvorbau vorgelagert, der einen Balkon trägt und dessen darüberliegender, risalitartig vortretender Baukörper durch Pilaster gegliedert und von einem Dreiecksgiebel mit Skulpturen von Georg Wrba bekrönt wird. Seitlich schließt sich in Richtung des Hotel Bellevue eine schmale Halle an, die in einem rechteckigen Pavillon endet. Im Hintergrund der Turm des 1901 in Betrieb genommenen Fernheizwerks und die Kuppel der Yenidze.

Der Garten des Hotel Bellevue auf dem Theaterplatz neben dem Italienischen Dörfchen an der Bastion Sol der alten Festung.

Die Wache war der erste Bau, der aus dem Sandstein der Cottaer Brüche errichtet wurde. Vor dem dreiachsigen Mittelteil befindet sich eine Vorhalle mit sechs kannelierten ionischen Säulen. Den Abschluss bildet ein Architrav mit Kranzgesims und ein Dreiecksgiebel mit der Saxonia im zum Schloss gerichteten Giebelfeld und Mars im Giebelfeld auf der anderen Seite. Seitlich schließen niedrigere dreiachsige Flügelbauten mit flachem Satteldach an.

Wache

Die ursprünglich am Neumarkt 1715/16 von Johann Rudolph Fäsch errichtete Wache wurde durch die preußische Beschießung von 1760 stark beschädigt und wenige Jahre danach abgebrochen. Die 1830–32 nach einem Entwurf von Friedrich Schinkel durch Joseph Thürmer im Stil eines griechischen Tempels zwischen Schloss und Zwinger erbaute Wache ist ein Spätwerk des Berliner Klassizismus.

Die Massigkeit des zehngeschossigen Speichers wird lediglich durch die von Walmflächen gebrochenen oberen Stockwerke gemildert. Die Aufzugsschächte treten an allen Seiten querhausartig hervor. Für den Warenverkehr wurden an den Längsseiten überdachte Laderampen angebracht. Die Fassade war ursprünglich durch rote und grüne Fensterrahmen und Türen farbig akzentuiert.

Städtischer Speicher

Um der Dresdner Industrie geeigneten Lagerraum zur Verfügung zu stellen, ließ die Stadt 1913/14 ein großes Packhaus errichten. Der erste Stahlbetonbau der Stadt wurde von Hans Erlwein am Elbufer in unmittelbarer Nähe zum damaligen Ausschiffungsplatz und den Bahngleisen erbaut.

Residenzschloss

Das Dresdner Schloss gehört zu den wertvollsten Renaissanceanlagen Europas. Schon im 13. Jahrhundert wurde auf dem Taschenberg am Elbübergang von den Meißner Markgrafen eine Burg errichtet. Diese war ein romanischer Hof von circa 35 mal 45 Metern und wurde Ende der achtziger Jahre des 13. Jahrhunderts

Der Westflügel des Residenzschlosses mit seinen großen Zwerchhausgiebeln und den beiden oktogonalen Ecktürmen mit Balustraden im untersten und vierten Geschoss. Der mittlere Fassadenteil wird durch Dreiecksgiebel und einen von Löwenköpfen und Atlanten getragenen Altan hervorgehoben. Hinter dem Westflügel erhebt sich der Hausmannsturm. Im Vordergrund zeigt die Abbildung den ehemals hier aufgestellten Wettin-Obelisk.

Die der Elbe zugewandte Hauptschauseite des Georgenbaus (bzw. Georgentores) nach seiner Wiederherstellung durch Dunger und Frölich. Der Georgenbau war das früheste Renaissancebauwerk Dresdens und wurde um 1900 in seiner ursprünglichen Gestaltung durch Kramer wieder hergestellt. Über den drei Portalen der Sockelzone erheben sich drei Obergeschosse, von denen die beiden unteren durch einen dreiachsigen Mittelerker zusammengefasst sind. Die seitlichen Runderker sind zweigeschossig angelegt und von runden Helmen bekrönt. Glanzstück des Baus ist der hohe Staffelgiebel mit dem Reiterstandbild Georg des Bärtigen von Christian Behrens, der auch den Rest der Fassade mit reichem plastischen Schmuck versah. Den Abschluss bildet ein kleiner Turm mit Balustrade und gestreckter Kuppel.

als „castrum“ erstmalig urkundlich erwähnt. Die Burg besaß im Nordwesten einen Turm, der in der zweiten Hälfte des 15. Jahrhunderts erhöht wurde und sich als oktogonaler Aufsatz mit flacher Haube auf quadratischen Untergeschossen gestaltete. Reste davon sind noch heute im unteren Teil des Hausmannsturmes erhalten und stellen die älteste Bausubstanz der Stadt dar. Im 14. und 15. Jahrhundert erfolgten neben der erwähnten Turmerhöhung mehrere Umbauten des Komplexes. Bereits Markgraf Wilhelm I. hatte im 14. Jahrhundert den Bau eines neuen Ostflügels veranlasst und begonnen, Dresden zur Residenz auszubauen. Unter Kurfürst Ernst und seinem Bruder Herzog Albrecht fanden im 15. Jahrhundert weitere Umbauten statt. Arnold von Westfalen, das Haupt der sächsischen Architektenschule, schuf derzeit unter anderem den neuen Westflügel. Aus der mittelalterlichen Burg ging schließlich eine

Ausschnitt des Georgentores vor dem Umbau Ende des 19. Jahrhunderts. Der nach dem Brand von 1701 vereinfacht wiedererrichtete Georgenbau verzichtet auf die aufwendige Gestaltung und den reichen plastischen Schmuck seines Vorgängers.

Der Georgenbau von der Schlossstraße aus gesehen. Die elbabgewandte Seite des Torbaus wurde im Vergleich zur anderen Schauseite weniger aufwendig gestaltet und weist keine so reichhaltige plastische Ausschmückung auf. Die Abbildung zeigt den Zustand nach der umfassenden Erneuerung des Schlosses von 1889–1901.

dreigeschossige, vierflügelige Schlossanlage um einen unregelmäßigen Hof hervor. Der Schössereiturm im Südosten wurde 1528 mit einem oktogonalen Aufsatz mit Giebeln und einer spitzen Haube versehen. 1530–35, zur Regierungszeit von Herzog Georg dem Bärtigen, er-

Die Schlossstraße war als Verbindung zwischen Altmarkt und dem Georgentor des Residenzschlosses eine relativ enge, belebte Straße mit zahlreichen Geschäften. Von der ursprünglichen Wohn- und Geschäftshausbebauung ist nichts erhalten geblieben. Im Hintergrund der Turm der Hofkirche, rechts daneben das Türmchen des Georgenbaus.

folgte im Rahmen der Erweiterung des Schlosses nach Osten der Umbau des Elbtores zum Georgentor mit zwei Schauseiten. Das von Bastian Kramer errichtete Georgentor war durch abgetreppte dreizonige Giebel, einen Erker an der Elbseite und reichen plastischen Schmuck gekennzeichnet und markierte den Beginn der Umgestaltung des Schlosses im Stil der Renaissance. Der bildhauerische Schmuck stammte von Christoph Walther I. und zeigte unter an-

Blick in den Großen Schlosshof. Die dreigeschossige Fassade wird durch gestaffelte, dreistöckige Giebel bekrönt. In den Ecken des Hofes zeigen sich die Treppentürme als besonderes Gestaltungselement. Rechts ist ein Teil des viergeschossigen Altans zu sehen, welcher der Fassade unterhalb des Hausmannsturmes vorgelegt wurde. Den toskanischen und ionischen Säulen im ersten und zweiten Geschoss folgen im dritten und vierten Geschoss Säulen mit Kompositkapitellen. Am Fuße des ersten Obergeschosses sind die Reliefs von Hans Walther angebracht, die darüber liegenden Etagen werden von Balustraden begrenzt.

derem Darstellungen zum Thema Leben und Tod im Sinne des Memento mori. Unter Kurfürst Moritz von Sachsen war Dresden zur kurfürstlichen Residenz geworden. Nach Plänen des Baumeisters Caspar Voigt von Wierandt ließ er 1547–1556 den Schlosskomplex durch Hans von Dehn-Rothfelser, Bastian Kramer und Hans Kramer zum Renaissanceschloss er-

Blick in den Stallhof. Rechts, ausgehend vom Georgenbau der zweigeschossige Lange Gang mit Rundbogenarkaden im unteren und Rechteckfenstern mit Dreiecksgiebelbekrönung im oberen Geschoss. Im Obergeschoss befindet sich der Lange Saal, der zunächst die Ahnengalerie der Wettiner und ab 1731 die Gewehrgalerie beherbergte. Oberhalb der Säulen sind die Wappen der Lande unter wettinischer Herrschaft angebracht. Auf der anderen Seite, an der Augustusstraße, trägt der Lange Gang den Fürstenzug. Gegenüber dem Langen Gang steht das Kanzleihaus, das einst Verwaltungszwecken diente. Der dreistöckige, giebelbekrönte Bau wurde im 18. Jahrhundert mehrfach verändert und diente seit dem letzten Viertel des 19. Jahrhunderts als Hofapotheke.

weitern und umbauen. Der Westbau Arnolds von Westfalen wurde zugunsten des neuen Turnierhofes abgebrochen und durch einen Neubau weiter westlich ersetzt. Der ehemals quadratische Schlosshof wurde dadurch zu dem auf das Doppelte vergrößerten, rechteckigen Großen Schlosshof. Erhalten blieben die Außenmauern des Ostflügels, der östliche Teil des Nordflügels mit dem Hausmannsturm und das vorkragende Torhaus mit polygonalem Erker im Südflügel. Letzteres musste unter Johann Georg III. einem der neuen Portalbauten von Johann Georg Starcke weichen, der auch die Verbindungsportale zwischen Großem und Kleinem Schlosshof schuf. Im Zuge der Umbauten ließ Moritz in drei Hofecken Treppentürme mit Wendelsteinen errichten und nach dem Vorbild italienischer Loggien einen viergeschossigen, fünfachsigen Altan vor die hofseitige Wand des Nordflügels legen. Dieser war durch Säulen gegliedert und mit allegorischen Reliefs von Hans Walther geschmückt. Der vierte Treppenturm wurde erst über ein Jahrhundert später von Johann Georg Starcke ergänzt. Im Hof und an den Außenseiten bestimmen große Zwerchhaus- und Volutengiebel die Dachzonen. Die mit schwarzer Kalkfarbe auf weißem Grund aufgetragenen Sgraffitomalereien im Großen Schlosshof wurden von Francesco Ricchino sowie Gabriel und Benedikt da Thola ausgeführt. Neben den biblischen und historischen Szenen deuten sie eine architektonische Gliederung an. Die empfindlichen Sgraffitomalereien waren durch Wettereinflüsse sehr schnell dem Untergang geweiht und wurden bereits in der zweiten Hälfte des 17. Jahrhunderts erneuert. Im letzten Viertel des 16. Jahrhunderts wurde das Schloss durch Hans Irmisch und Paul Buchner um mehrere Anbauten erweitert. Mit Langem Gang und Stallgebäude entstand der Stallhof als Schauplatz ritterlicher Spiele und Turniere. Im Hof befand sich das bereits in den sechziger Jahren von Hans Irmisch errichtete dreiflügelige Kanzleihaus. Der Lange Gang wurde nach Plänen von Giovanni Maria Nosseni als zweigeschossiger, reich dekorierter Arkadengang gestaltet und verbindet den Georgenbau des Schlosses mit dem Stallgebäude, welches die kurfürstlichen Pferde und Kutschen sowie die Rüstkammer des Schlosses aufnahm. Durch einen Erweiterungsbau im Süden entstand der Kleine Schlosshof. 1674–76 baute Wolf Caspar von Klengel den Turm des Nordflügels zum circa 100 Meter hohen Hausmannsturm um und setzte ihm eine barocke Haube mit offener Laterne auf. Er wurde nach dem darin wohnenden Türmer benannt und war der höchste Turm der Stadt.

1701 fiel das Schloss einem Brand zum Opfer, der das Georgentor und andere Gebäudeteile zerstörte. Auch der in den dreißiger Jahren des 17. Jahrhunderts durch Wilhelm Dilich in aufwendiger Weise ausgestaltete Riesensaal im zweiten Obergeschoss des Ostflügels, benannt nach den überlebensgroßen Figuren, mit denen die Wände bemalt waren, wurde durch den Brand zerstört. August der Starke, der seine umfangreichen Pläne zum Neubau des Schlosses nicht verwirklichen konnte, ließ das Schloss bis

Die Außenfassade des Langen Ganges mit dem Fürstenzug. In der Renaissance zierte eine Sgraffitomalerei die Wand, die Reiter verschiedener Nationen darstellte. Aufgrund der Witterungseinflüsse ging diese jedoch schnell verloren. 1864 wurde anlässlich der bevorstehenden 800-Jahr-Feier der Wettinerherrschaft ein Wettbewerb zur Gestaltung der Wand mit einem Triumphzug der Wettiner ausgeschrieben, den Wilhelm Walther gewann. In den Jahren von 1871 bis 1876 wurde schließlich sein Entwurf des Fürstenzuges auf die Wand des Langen Ganges übertragen. Auf farbigem Kalk-, Zement- und Schlacke-Untergrund wurde eine helle Weißkalkschicht aufgebracht. Durch das Abkratzen dieser Schicht wurde die plastische Wirkung des Bildes erreicht. Da sich schnell Risse und andere Verwitterungsspuren im Bild zeigten, übertrug man es 1904–07 auf etwa 25.000 Kacheln der Porzellan-Manufaktur Meißen und brachte es in dieser Form wieder auf die Wand auf. Der 102 Meter lange Wandfries ist das größte Porzellanbild der Welt und zeigt die vom 12. bis in das 19. Jahrhundert in Sachsen herrschenden Wettiner. 35 Markgrafen, Herzöge, Kurfürsten und Könige sowie 58 weitere Zeitgenossen, unter anderem Maler, Architekten und Bildhauer sowie Wilhelm Walther selbst fanden ihren Platz in dem triumphalen Reiterzug, der sich auf eine Siegerpforte zu bewegt. Walther erreichte eine außerordentliche Portraitähnlichkeit und stellte Kleidungsstücke, Rüstungen und Waffen in historischer Detailtreue dar. Unter den Monarchen hoch zu Ross stehen die jeweiligen Namen. Am Anfang des Zuges steht geschrieben: „Ein Fürstenstamm, dess Heldenlauf reicht bis zu unsern Tagen, in grauer Vorzeit ging er auf mit unsres Volkes Sagen“. Mit dem Motto „Du alter Stamm, sei stets erneut in edler Fürsten Reihe, wie alle Zeit dein Volk dir weiht die alte deutsche Treue“ schließt der Zug der Fürsten ab.

1718 wieder aufbauen. Der Schössereiturm wurde abgebrochen und der Georgenbau von Johann Georg Maximilian von Fürstenhoff in stark vereinfachter Weise wiedererrichtet. Im Erdgeschoss des Westflügels befand sich die „Geheime Verwahrung“, die wegen ihres grünen Anstriches auch „Grünes Gewölbe“ genannt wurde und unter anderem Schätze aus Gold und Silber sowie verschiedene Kleinodien beherbergte. August der Starke ließ diese 1723–29 durch Matthäus Daniel Pöppelmann, Raymond Leplat und Zacharias Longuelune zur Schausammlung ausbauen. Die wertvollsten Stücke aus Geheimer Verwahrung und der seit 1560 im Schloss eingerichteten kurfürstlichen Kunstkammer wurden schließlich in mehreren Räumen, dem Bronze-, Elfenbein-, Emaille- und Silberzimmer, dem Pretiosensaal sowie dem Wappen- und dem Juwelenzimmer zur Schau gestellt. Neben der Gestaltung des Grünen Gewölbes wurden unter August dem Starken Thronsaal und Schlafzimmer durch Leplat mit grünem Samt, Goldstickereien, Marmor und vergoldeten Stuckaturen ausgestattet. Im 18. Jahrhundert wurde auch das Stallgebäude umgebaut und das sogar mehrfach. Zunächst wurde ihm bis 1731 von Fürstenhoff ein zweites niedrigeres Geschoss aufgesetzt und die Fassade zum Jüdenhof erhielt die doppelläufige Freitreppe und eine Giebelbekrönung mit sächsisch-polnischem Wappen. Nach diesem Umbau wurden die Gemälde aus dem Schloss in den Stallhof überführt und die Gemäldegalerie gegründet. Durch weitere Bildankäufe wurde jedoch ein erneuter Umbau erforderlich, der 1745–46 durch Johann Christoph Knöffel erfolgte. Die beiden oberen Stockwerke wurden zu einem zusammengefasst und mit hohen Rundbogenfenstern sowie einer Lisenengliederung versehen. Die Pferde hatte man inzwischen in das neue Marstallgebäude hinter dem Zwinger übergesiedelt. Ende des 18. Jahrhunderts zogen auch die Gipse in das Gebäude ein. Mitte des 19. Jahrhunderts wanderten die Gemälde in den neuen Semperbau am Zwinger und Oberlandbaumeister Haenel baute das Gebäude 1872–76 für die Unterbringung des Historischen Museums und der Porzellane aus dem Japanischen Palais um. Das Obergeschoss wurde erhöht und der Zugang wieder an die Augusstusstraße verlegt, wodurch die Freitreppe Fürstenhoffs nur noch dekorative Zwecke erfüllte. Nach dem Bauherrn König Johann wurde das Gebäude in „Johanneum“ umbenannt.

Anlässlich der 800-Jahr-Feier des Hauses Wettin begann 1889 die bis 1901 andauernde, umfassende Erneuerung des Schlosses durch Gustav Dunger und Gustav Frölich. Während Außenfronten und Innenhöfe im Stil der deutschen Renaissance gestaltet wurden, ließ man im Inneren auch barocke Elemente zu. Dunger und Frölich schufen auch das neue Georgentor, das

Die zum Jüdenhof gewandte Schauseite des ehemaligen Stallgebäudes und späteren Johanneums ist zweigeschossig ausgeführt und nach oben durch ein Kranzgesims mit Balustrade und sächsischem Wappen abgeschlossen. Besonderer Akzent ist die dem Untergeschoss vorgelagerte große Doppelflügeltreppe von Fürstenhoff. Das Obergeschoss ist durch hohe Rundbogenfenster gestaltet und mit dezenten plastischen Verzierungen versehen. Im Vordergrund die an der Frauenkirche aufgestellte Luther-Statue. Hinter dem Johanneum ragt die Turmspitze des Hausmannsturmes empor.

den bescheidenen Bau Fürstenhoffs ersetzte und in der ursprünglichen reichhaltigen Formenvielfalt Kramers gestaltet wurde. Zwischen Südflügel und Taschenbergpalais sowie zwischen Schloss und Hofkirche fügten die Baumeister eine Brücke in neobarocken Formen ein.

Das hoch aufragende Mittelschiff der Hofkirche verfügt wie die Fassaden der Seitenschiffe über eine Gliederung durch Pilaster und Rundbogenfenster mit segmentbogen- bzw. dreiecksgiebelartigen Bekrönungen. Über den Ochsenaugen verläuft die Attika mit Balustrade, auf der Skulpturen von Lorenzo Mattielli aufgestellt sind. Am ganzen Bauwerk wurden insgesamt 78 Figuren, Evangelisten, Apostel, Kardinalstugenden und Heilige von 3,50 Meter Höhe angebracht. Schwarze führte den Turm höher als vorgesehen und in abgewandelter Form aus. Die zwei offenen Stockwerke werden ähnlich der beiden unteren von Säulen umgeben und von einen geschweiften Helm bekrönt, der von vier Vasen umstellt ist.

Katholische Hofkirche

Nachdem August der Starke im Jahre 1697 für die polnische Königskrone zum Katholizismus übergetreten war, richtete man zunächst im Obergeschoss des Schlosses eine bescheidene katholische Hofkapelle ein. 1707 gestaltete man das sich nahe des Schlosses befindliche und leer stehende Opernhaus Klengels zur Hofkirche um. Die hierfür von Permoser geschaffene Kanzel wurde in den späteren Neubau übernommen. Dieser entstand allerdings erst unter dem Sohn August des Starken, Kurfürst Friedrich August II., der noch als Kurprinz ebenso zum Katholizismus übergetreten war. Nachdem man diverse Pläne immer wieder verworfen hatte, wurde im Juli 1739 der Grundstein zur Katholischen Hofkirche gelegt, die bis 1754 vom Italiener Gaetano Chiaveri errichtet wurde. In dieser Zeit ließ sich der Architekt mit seinen Mitarbeitern in unmittelbarer Nähe des Bauwerks nieder. Die Wohn- und Arbeitsstätten am Theaterplatz wurden als „Italienisches Dörfchen" bezeichnet. Nachdem man den Schlossplatz, für den man zwei Brückenpfeiler zuschüttete, angelegt hatte, wurde die Kirche im Stil des römischen Spätbarock am Brückenkopf der wenige Jahre zuvor vollendeten Augustusbrücke im spitzen Winkel zum Schloss erbaut. Nach dem Weggang Chiaveris im Jahre 1748 war der Bau

Der neubarocke Verbindungsgang vom Schloss zu den Logen seitlich des Hochaltars entstand erst Ende des 19. Jahrhunderts nach Plänen von Gustav Frölich und Gustav Dunger.

von Sachsens größter Kirche durch Sebastian Wetzel, Johann Christoph Knöffel und Julius Heinrich Schwarze vollendet worden.

Über rechteckigem Grundriss erheben sich das muldengewölbte Mittelschiff mit umgebendem zweigeschossigem Prozessionsgang und zwei schmale tonnengewölbte Seitenschiffe. Der Altar befindet sich unter Abweichung von der üblichen Ost-Ausrichtung im Südwesten. Neben der Scheitelkapelle ist die Kirche von vier Eckkapellen umgeben. Über dem Eingang ragt der im Grundriss ovale, in den oberen Geschossen allerdings rund angelegte Turm empor. Die vier Glocken erhielt die Kirche erst 1807, da katholisches Geläut im protestantischen Dresden nicht erwünscht war und die Hofkirche erst unter Napoleon anerkannt wurde.

Zwinger

Der Zwinger wurde 1709–28 von Matthäus Daniel Pöppelmann für Kurfürst Friedrich August I. errichtet und beschreibt mit seiner Fülle von Einzelformen, seiner Festlichkeit und reichen Bewegtheit einen Höhepunkt des Barock in Europa. Die Anlage verarbeitet unter anderem französische und italienische Einflüsse, die auf Studienreisen Pöppelmanns zurückzuführen sind. Die triumphale Festarchitektur erhielt ihren Namen aufgrund ihrer Lage. „Zwinger“ hieß im Festungsbauwesen der Bereich zwischen dem inneren und äußeren Befestigungsring. Der Plan, ein Gelände zur Abhaltung festlicher Spiele zu errichten, existierte schon seit Ende des 17. Jahrhunderts. Anlässlich des Besuchs des Dänenkönigs im Jahre 1709 wurde gegenüber dem Schloss ein Festplatz für Turniere, Spiele, Jahrmärkte und andere Lustbarkeiten in Holz errichtet, der während des Zwingerbaus jedoch wieder abgebrochen wurde.

Pöppelmann hatte zunächst den Auftrag zur Errichtung einer Orangerie erhalten, da es eine der Leidenschaften Augusts war, südländische Gewächse wie Orangen- und Lorbeerbäume zu sammeln. So wurden ab 1710 zwei durch Bogengalerien verbundene Pavillons, später als mathematisch-physikalischer Salon und französischer Pavillon bezeichnet, errichtet. 1713/14 erfolgte die Erweiterung der Anlage durch Langgalerien und einen bekrönenden mittleren Torbau. Ein Jahr später entstand der Wallpavillon. Anlässlich der bevorstehenden Hochzeit des Kurprinzen Friedrich August II. mit Erzherzogin Maria Josepha von Habsburg wurde 1718 beschlossen, die ursprüngliche Dreiergruppe der Orangeriebauten an der Stadtseite zu wiederholen. So entstanden bis zur Vermählungsfeier die später als Porzellanpavillon (ehemals Naturwissenschaftlicher Pavillon) und

Die durch Bogen- bzw. Langgalerien verbundenen Einzelbauten des Zwingers gruppieren sich um einen rechteckigen Hof. Die Dreiergruppen an den Querseiten werden gebildet aus je einem querovalen Pavillon (dem Wall- bzw. Glockenspielpavillon), der von je zwei zweigeschossigen Eckbauten flankiert ist, welche nach ihrem musealen Verwendungszweck benannt wurden. Die Langgalerien der zum Postplatz gewandten Längsseite tragen in der Mitte das prächtige Kronentor. Der im Stil des italienischen Hochbarock gestaltete Durchgang hat antike Triumphbögen sowie die Ehrenpforten Fischer von Erlachs in Wien zum Vorbild und wurde 1714 auf der Festungsmauer errichtet. Der rundbogige Durchgang wird an der Außen- und Innenseite von den Nischenskulpturen Vulkan, Bacchus, Ceres und Pomona flankiert. Das darüberliegende offene Stockwerk ist reich mit Pilastern und Säulen gestaltet und trägt die von lebensgroßen Figuren und Vasen umgebene Kuppel mit vergoldeten Akanthusranken. Dieser ist die vergoldete, von vier Adlern getragene Königskrone aufgesetzt. Vor dem Kronentor führt eine Brücke über den Wallgraben. Die zur Elbe zeigende Längsseite schließt seit der Mitte des 19. Jahrhunderts mit dem Galeriebau Sempers ab.

Deutscher Pavillon bezeichneten Bauten. Die fehlenden Teile am dazwischenliegenden Glockenspielpavillon und an den verbindenden Bogengalerien wurden wie die Tribüne mit der Königsloge an der Längsseite der Zwingeranlage behelfsmäßig in Holz errichtet. Die plastische Ausschmückung des Zwingers erfolgte durch Balthasar Permoser, der schon unter Johann

Blick auf den Wallpavillon mit dem flankierenden mathematisch-physikalischen Salon links und dem französischen Pavillon rechts. Die Platzgestaltung mit den Springbrunnen in den vier Wasserbecken und den geometrischen Rasenstücken erfolgte nach den ursprünglichen Plänen Pöppelmanns im Zuge der Gesamtrestaurierung von Ermisch. Im Wallpavillon führt eine geschwungene Treppe zum Festsaal, der durch eine die Weltkugel tragende Herkulesfigur über dem kursächsischen Wappen bekrönt wird. Hinter dem französischen Pavillon befindet sich das Nymphenbad mit Wasserbecken, Delphinen, Tritonen und Nymphen.

Georg III. Hofbildhauer war, in Florenz gearbeitet hatte und besonders durch Michelangelo und Bernini beeinflusst war. Allerdings ist nicht in jedem Falle eindeutig zu bestimmen, welche Plastiken von Permoser selbst und welche von seinen Mitarbeitern Thomae und Kirchner ausgeführt wurden, da nur der Herkules auf dem Giebel des Wallpavillon signiert ist. Wegen Geldmangel wurde der Bau bis 1722 nicht weitergeführt und blieb vorerst unvollendet. Die Vollendung des Zwingers, das heißt des Stadtpavillons und der Bogengalerien, erfolgte dann bis 1728. Die offene Seite zur Elbe wurde mit einer Mauer mit Pforte versehen. Erst mit Sempers Galeriebau wurde diese Lücke geschlossen.

Seit seiner Vollendung wurde der Zwinger langsam von der Orangerie bzw. vom Festplatz zum Museumsgebäude, denn nach dem Scheitern von Augusts großen Schloss- und Museumsbauplänen wurde die Anlage zur Unterbringung von Sammlungen, wie z.B. den mathematisch-physikalischen Instrumenten und als Aufbewahrungsort der königlichen Bibliothek genutzt. Der Brand des Opernhauses 1849 hatte auf den Zwinger übergegriffen, der dann unter der Leitung von Karl Moritz Haenel bis 1863 wieder aufgebaut wurde. Eine Gesamtrestaurierung erfolgte 1924–36 unter der Maßgabe von Hubert Ermisch. Dabei wurden auch die im 19.

Der Wallpavillon in der Detailansicht. Die Reichsadler im Bogen über den Hermenfiguren deuten auf das Reichsvikariat August des Starken hin.

Jahrhundert entfernten Balustraden-Skulpturen ersetzt, der Hof mit vier Springbrunnen neu gestaltet und das Glockenspiel am Stadtpavillon installiert. Das vom Theaterplatz an den Zwinger versetzte Denkmal König Friedrich August I. wurde an das Japanische Palais überführt und der im Zuge des Abbruchs der Befestigungsanlagen aufgefüllte Zwingergraben wurde in verringerter Breite wieder hergestellt. Den nierenförmigen Zwingerteich schuf der Hofgärtner Terscheck nach den Entwürfen Thormeyers.

Sempergalerie

Der Galeriebau bildet den Abschluss des Zwingerhofes zur Elbseite hin und wurde 1847–54 nach einem Entwurf von Gottfried Semper in den Formen der italienischen Hochrenaissance errichtet. Er gilt als ein Hauptwerk des Mu-

Die der Oper zugewandte Seite des Galeriebaus zeigt Rundbogenfenster, die im Obergeschoss alternierend mit Dreiecksgiebeln bekrönt und von Pilastern flankiert sind. Der Mittelrisalit ist im Untergeschoss von einem triumphbogenartigen Dreibogen-Durchgang zum Zwingerhof durchbrochen, über dem sich drei Rundbogenfenster mit zentraler Dreiecksgiebelbekrönung befinden. Der antik-klassische Skulpturen- und Reliefschmuck zeigt z. B. Perikles, Phidias oder Alexander den Großen.

Die dem Zwingerhof zugewandte Seite des Galeriebaus ist schlichter gestaltet. Der Mittelrisalit ist im Obergeschoss durch ein von Figurennischen flankiertes Rundbogenfenster von der übrigen Fassade abgesetzt. Die Gliederung der Zwingerseite erfolgte außerdem durch Halbsäulen statt Pilaster. Der Skulpturenschmuck bestand unter anderem aus Michelangelo, Dante, Giotto, Dürer und Goethe. Die Abbildung zeigt die Hofgestaltung vor der Gesamtrestaurierung durch Ermisch mit dem Denkmal König Friedrich August I. im Mittelpunkt.

seumsbaus im 19. Jahrhundert. Der Galeriebau zeichnet sich durch zwei Geschosse mit Rundbogenfenstern, eine bekrönende Balustrade, schwere Rustika im Untergeschoss und einen Mittelrisalit mit einer Kuppel auf achteckigem Tambour aus. Der Skulpturenschmuck stammte von Ernst Rietschel und Ernst Julius Hähnel. Der mächtige Bau wurde von Semper bis zum

Parterre errichtet und nach seiner Flucht ins Ausland im Jahre 1849 von Karl Moritz Haenel und Bernhard Krüger vollendet.

Taschenbergpalais

1705–08 ließ August der Starke von Matthäus Daniel Pöppelmann und Johann Friedrich Karcher ein Stadtpalais für Anna Constanze von Hoym, besser bekannt als Gräfin Cosel, errichten, das nach ihrer Verbannung der Kurprinzenfamilie als Wohnsitz diente. Nach mehrfachen Umbauten im Inneren wurde das Palais 1756–65 durch Julius Heinrich Schwarze und Christian Friedrich Exner zu einer mehrflügeligen Anlage um mehrere Höfe ausgebaut. Schwarze errichtete zunächst die westlichen Flügel- und Seitengebäude sowie die Bauten um den hinteren Hof, während Exner 1763 den Kernbau nach Osten erweiterte. Die Inneneinrichtung erfolgte durch Leplat. Mitte des 19. Jahrhunderts wurden durch Otto von Wolframsdorf weitere Veränderungen am Palais, wie die Errichtung des Südosttraktes, vorgenommen.

Postplatz

Der Postplatz stellt heute wie auch schon im alten Dresden einen wichtigen Verkehrsknotenpunkt der Innenstadt dar, machte aber bezogen auf die ihn umgebenden Bauten eine enorme Wandlung durch, so dass der heutige Platz dem des 19. Jahrhunderts kaum noch ähnelt. Sophienkirche, Weber's Hotel, Postgebäude, Stadtcafé und Stadtwaldschlösschen verliehen dem Platz sein damaliges Aussehen.

Sophienkirche

Die Sophienkirche am Postplatz war nach der Frauenkirche und der Kreuzkirche der dritte Kirchenbau der Stadt. Um die Mitte des 13. Jahrhunderts wurde sie im typischen Stil der Bettelordensarchitektur als langgestreckter, flachgedeckter, einschiffiger Saalbau mit geradem Chorabschluss errichtet und diente ursprünglich als Kirche des Franziskanerklosters. In der ersten Hälfte des 14. Jahrhunderts wurde der Kirchenbau zu einer zweischiffigen Hallenkirche mit Chordoppelpolygon erweitert. An der um 1400 am Südchor errichteten Busmannkapelle befanden sich als Konsolenfiguren die Bildnisbüsten der Stifter. Diese sind die frühesten plastischen Bildwerke in Dresden und stilistisch eng mit Werken der Prager Dombauhütte verwandt. Die Einwölbung der Kirche erfolgte in der zweiten Hälfte des 15. Jahrhunderts. Durch die Reformation wurde 1539 das dazugehörige Kloster aufgelöst und im Zuge der Säkularisierung ab-

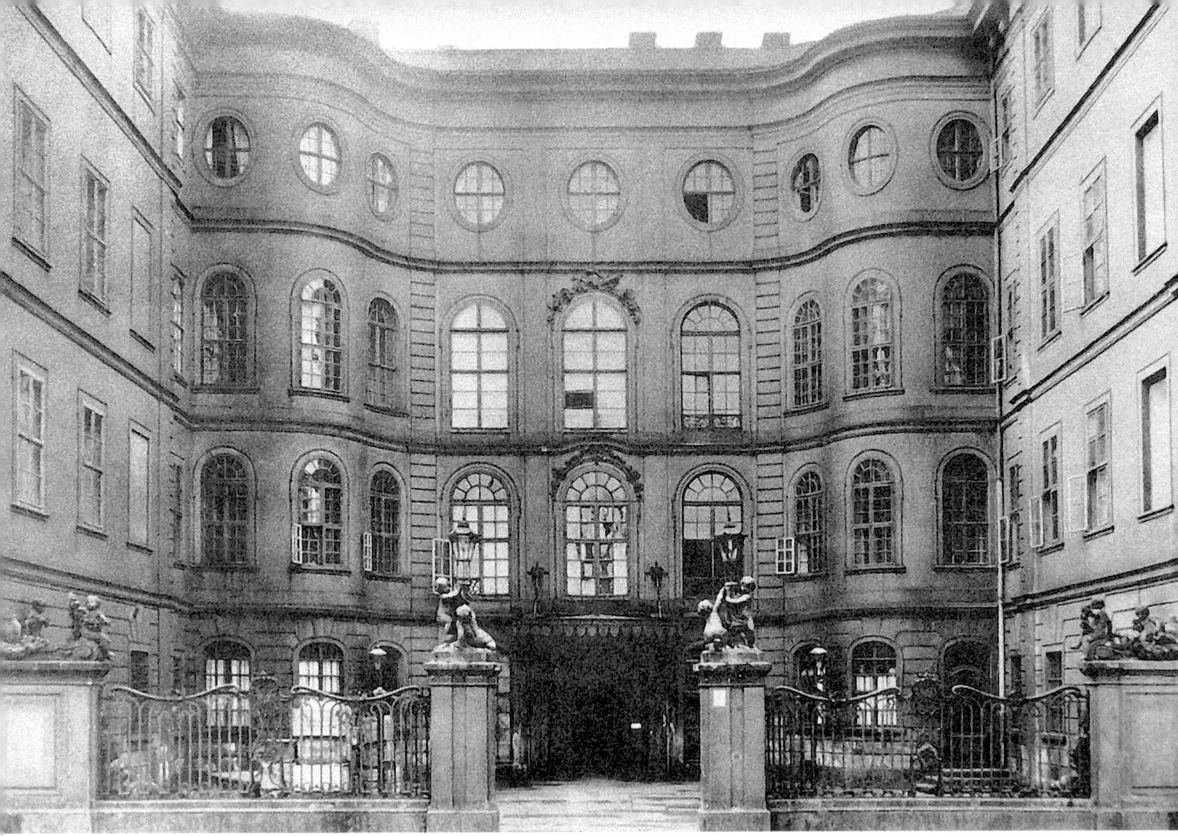

Der in Richtung Zwinger verlaufende Seitenflügel des Taschenbergpalais. Über dem Sockelgeschoss der fast fünfzig Meter langen Fassade des Hauptbaues erheben sich drei Obergeschosse mit je neunzehn Fensterachsen. Der Mittelrisalit des Kernbaus ist durch originelle Fensterbekrönungen, reichen ornamental-floralen Schmuck und zwei vorschwingende Balkone über dem säulenflankierten Portal hervorgehoben. Die Bekrönung des Mittelrisalit durch Knöfflers Statuen Mars und Minerva und das sich ursprünglich am Westflügel befindliche Wappen wurde wie die Satteldächer erst im 19. Jahrhundert aufgesetzt. Das Erscheinungsbild der viergeschossigen Seitengebäude ist deutlich schlichter gehalten. Die Fassade ist durch Lisenen gegliedert und an den Ecken der Hofinnenseiten rund hervorgewölbt. Während die Hauptfassade ausnahmslos Rechteckfenster zeigt, sind an den Seitenflügeln auch Rundbogenfenster und im dritten Obergeschoss sogar Ovalfenster zu finden. Die beiden Höfe, den die Seitengebäude umfassen, werden zur Straße hin durch schmiedeeiserne Gitter abgeschlossen.

Die Sopienkirche auf dem Postplatz. Die Ansicht zeigt die Hauptfront der Kirche, das gotische Westwerk mit der großen Maßwerkrose über dem Doppelportal und die beiden giebelflankierenden Türme. Links sind Zwinger, Schloss und Taschenbergpalais, rechts ist das Stadtcafé zu sehen.

gebrochen. Nachdem die Kirche jahrelang leer stand, wurde sie Anfang des 17. Jahrhunderts als evangelische Sophienkirche neu geweiht und trug damit den Namen der Witwe Kurfürst Christian I., die Emporen und neues Gestühl hatte einbauen lassen. Den Hauptaltar aus farbigem Marmor schufen 1606/07 Giovanni Maria Nosseni und die Gebrüder Walther. Nach der Auflösung der Schlosskapelle durch Friedrich August II. wurde der protestantische Hofgottesdienst zunächst in die Sophienkirche verlegt und Altar, Taufstein

Blick auf den Postplatz mit dem Hotel Weber auf der linken Seite und dem Zwinger sowie der Gemäldegalerie und der Semperoper im Hintergrund. Rechts hinter dem Restaurant „Stadtwaldschlösschen" ragen die beiden Türme der Sophienkirche empor. Im Zentrum des Platzes stand der 1843 nach einem Entwurf Sempers errichtete Cholera-Brunnen, ein achteckiges Becken mit einem 18 Meter hohen Turm in gotischen Formen. Nachdem man den Brunnen an das Taschenbergpalais versetzte, wurde 1927 in der Mitte des Platzes ein rundes Wartehäuschen errichtet, das noch heute als „Käseglocke" bekannt ist. Seit seiner Sanierung 1974/79 steht das Gebäude unter Denkmalschutz.

Das Telegraphen- und Fernsprechamt am Postplatz. Ursprünglich befand sich auf dem späteren Postplatz das Wilsdruffer Tor, welches im 19. Jahrhundert abgerissen wurde. Der daraufhin entstandene Wilsdruffer Platz wurde Mitte des 19. Jahrhunderts in Postplatz umbenannt. Seinen Namen erhielt er von dem 1832 errichteten Postgebäude, dem späteren Telegraphen- und Fernsprechamt. Der massive dreigeschossige Bau war durch Lisenen und Rechteckfenster gegliedert sowie mit zwei Eckrisaliten und zwei offenen Dachreitern versehen. Im Vordergrund der Cholerabrunnen.

Im Stadtwaldschlösschen auf dem Postplatz wurde 1866 der Ausschank der Societätsbrauerei eröffnet. Der fünfgeschossige Bau mit zweigeschossigem Anbau schloss unmittelbar an das Stadtcafé an und befand sich an zentraler Stelle auf dem Platz. Im Hintergrund sieht man das Hotel Weber, hinter dem der Bühnenturm des Schauspielhauses aufragt.

Das Stadtcafé auf dem Postplatz, beliebtes Lokal des 19. Jahrhunderts in der Innenstadt. Das zweigeschossige Caféhaus bietet mit seinem Turm, der Balustrade und dem pavillonartigen Aufbau einen äußerst imposanten Anblick. Dahinter erhebt sich der Bau des Stadtwaldschlösschens.

In der zweiten Hälfte des 19. Jahrhunderts richtete man in dem 1830 entstandenen Gebäude am Postplatz, ein mächtiger viergeschossiger Bau mit abgerundeten Hausecken und großem Segmentbogen- bzw. Dreiecksgiebel , das Palast-Hotel Weber ein. 1945 wurde es zum Großteil zerstört und später abgerissen.

und Kirchengeräte fanden in der Busmannkapelle ihren neuen Platz. Zeitweise wurde sogar das Portal der Schlosskapelle an der Westfront der Sophienkirche angebracht und verblieb dort bis in die Mitte des 19. Jahrhunderts. 1720 wurde die von Gottfried Silbermann geschaffene Orgel eingeweiht. Nach 1864 wurde die Sophienkirche neugotisch verändert und erhielt die vorgeblendete Doppelturmfront.

Vom Postplatz aus verläuft die seit dem Mittelalter als Wilsdruffer Gasse, seit 1858 als Wilsdruffer Straße bezeichnete Magistrale in Richtung Altmarkt.

Schauspielhaus

In unmittelbarer Nähe zum Hotel Weber wurde 1911–13 von William Lossow und Max Hans Kühne das Schauspielhaus, auch Großes Haus genannt, errichtet. Über asymmetrischem Grundriss erhebt sich ein gewaltiger Baukomplex mit sargartigem Bühnenturm, seitlicher Pfeilervorhalle, segmentbogenförmigem Abschluss an der Rückseite und viertelkreisförmigem seitlichen Anbau.

Das gegenüber dem Kronentor des Zwingers gelegene Schauspielhaus gestaltet sich als mehrteiliger, strenger, sparsam untergliederter Baukörper. Der massive Bogengang, der den Eingangsbereich bildet, trägt drei weitere Geschosse und ein Mansarddach. Der durch Lisenengliederung hervorgehobene Mittelrisalit wird durch das sächsische Wappen und die sich daran anlehnenden Sitzfiguren von Georg Wrba bekrönt. Die viertelkreisförmige, dreigeschossige Verbindung zum rechtwinklig angrenzenden, viergeschossigen Baukörper trägt in beiden Etagen Balustraden mit Skulpturen bzw. Vasen, wobei die beiden oberen Geschosse deutlich über dem offenen Bogengang zurückspringen. Der über 50 Meter hohe Bühnenturm ragt über die mehrfach gebrochenen Mansarddächer hinaus.

Blick in die Ostra-Allee, links die Orangerie. Der langgestreckte eingeschossige Bau wurde durch 22 hohe Stichbogenfenster mit Licht durchflutet und endete im Norden in einem triumphbogenartigen Kopfbau. Pilaster und Reliefs gliederten die Wand. Eine vasenbekrönte Balustrade schloss das Gebäude nach oben hin ab. Im Hintergrund ist die Yenidze zu erkennen.

Orangerie „An der Herzogin Garten"

Der „Herzogin Garten" wurde bereits im 16. Jahrhundert angelegt und diente mit seinen Gewächshäusern der Zucht von Zierpflanzen für den kurfürstlichen Hof. Nachdem Sempers Forumplan von 1837, der einen Orangeriebau zwischen Zwinger und Operneubau vorsah, nicht verwirklicht wurde, errichtete Otto von Wolframsdorf 1841 auf dem Gelände des „Herzogin Gartens" einen Orangeriebau in den Formen der italienischen Frührenaissance. Von diesem blieb nach 1945 lediglich der Kopfbau an der Ostra-Allee mit dem

Die viergeschossige Front des Landhauses zur Landhaus-Straße verfügt über eine gequaderte Lisenengliederung in den beiden unteren und eine einfache Pilastergliederung mit ionischen Kapitellen in den beiden oberen Geschossen. Der fünffenstrige Mittelrisalit wird durch vorgestellte dorische Säulen auf hohen Sockeln hervorgehoben, die das Gebälk eines Balkons mit steinerner Balustrade tragen. Krubsacius schuf hier die erste frühklassizistische Fassade mit Säulenordnungen in Dresden. Den oberen Abschluss des Mittelrisalit bildet ein Dreiecksgiebel.

Die Front zur König-Johann-Straße (heute Wilsdruffer Straße) verfügt über einen stark hervortretenden, seitlich stufenweise abgerundeten Mittelbau, der eine prachtvolle, doppelläufig geschwungene Treppe mit schmiedeeisernem Geländer beherbergt. In der Mittelachse der von Lisenen gegliederten Fassade befindet sich ein säulenflankiertes Portal mit kräftigem Architrav. Das Mansarddach ist mit Rundfenstern versehen.

Portal und den flankierenden Figurennischen übrig, in denen die Skulpturen der Flora und der Pomona von Ernst Julius Hähnel aufgestellt sind.

Landhaus

Das Landhaus wurde 1770–76 von Friedrich August Krubsacius anstelle des Anfang des 18.

Pirnaischer Platz. Links verläuft die zum Altmarkt führende, 1885 angelegte König-Johann-Straße (heute Wilsdruffer Straße). Rechts führt der Blick in die Landhaus-Straße mit dem Landhaus auf der linken Seite und dem Hausmannsturm des Schlosses im Hintergrund. Rechts überragt einer der wehrhaften Türme der Polizeidirektion die Dächer.

Jahrhunderts von Fäsch errichteten und durch Knöffel erweiterten Palais Flemming-Sulkowski erbaut. Das frühklassizistische Gebäude war derzeit das größte Verwaltungsgebäude der Stadt und diente als Tagungsstätte der sächsischen Landstände. 1831 wurden Veränderungen im Inneren des Gebäudes vorgenommen und der westliche Seitenflügel angebaut. Nach

Blick auf den Pirnaischen Platz aus der Richtung des Landhauses. Links zeigt sich der imposante Kaiser-Palast. Das markante Wohn- und Geschäftshaus wurde 1896/97 von Schilling und Gräbner für den Apotheker Hermann Ilgen errichtet und mit barocken Stilelementen versehen.

dem Bau des Ständehauses an der Brühlschen Terrasse Anfang des 20. Jahrhunderts wurde das Landhaus zeitweise zum Sitz der Kreis- und Amtshauptmannschaft Dresden sowie verschiedener Ämter.

Pirnascher Platz

Ein weiterer wichtiger Verkehrsknotenpunkt der Innenstadt war im alten Dresden und ist bis heute der Pirnaische Platz. Er erhielt seinen Na-

Der Kaiser-Palast am Pirnaischen Platz. Über der Ladenzone im Erdgeschoss erheben sich drei Obergeschosse. Das abschließende Halbgeschoss wird von einem Turmsockel mit Haube und Laterne überhöht. An den Ecken ragen viergeschossige Erker hervor.

men in den dreißiger Jahren des 19. Jahrhunderts. Bis zur Zerstörung war der Platz ringsum von Geschäften und Restaurants umgeben. Das bekannteste davon war wohl der prächtige Kaiser-Palast.

Königlich-Sächsische Polizeidirektion

Das Polizeigebäude wurde 1895–1900 nach Plänen von Julius Temper als burgartiger Repräsentationsbau errichtet. Die Vierflügelanla-

Der Blick auf das Polizeigebäude von oben macht dessen gewaltige Ausmaße besonders deutlich und zeigt die Anordnung der Gebäudeteile um die drei Höfe.

ge im Stil italienischer Renaissancepaläste gruppiert sich um drei Innenhöfe. An den zwei abgerundeten Enden der Hauptfront wurden dem Gebäude neubarocke Rundtürme aufgesetzt.

Brühlsche Terrasse

Die Mauern der Brühlschen Terrasse stellen zusammen mit den Resten unter dem Kronentor und den Langgalerien des Zwingers den einzi-

Die viergeschossige Hauptfassade der Hauptpolizei wird bestimmt durch die beiden runden Ecktürme und den hervortretenden dreiachsigen Mittelrisalit mit den beiden würfelartigen Aufsätzen. Das zweite Obergeschoss ist durch den Wechsel von Segementbögen und Dreiecksgiebeln als Fensterbekrönung betont. Die teilweise rustizierte Wand schließt durch eine Attika mit reichem Vasen- und Trophäenschmuck ab.

gen erhalten gebliebenen Teil der Dresdner Stadtbefestigung dar, die Anfang des 19. Jahrhunderts abgebrochen wurde. Die ursprüngliche Befestigung der Stadt aus dem 13. Jahrhundert war unter den Kurfürsten Moritz und August Mitte des 16. Jahrhunderts nach Antwerpener, Veroneser und Genter Vorbild zur modernen Bastionärsbefestigung ausgebaut worden. Nach Fertigstellung des durch Caspar Voigt von Wierandt und Rochus von Lynar errichte-

Der Aufgang zur Brühlschen Terrasse vor der Errichtung des Ständehauses. Vorn rechts im Bild ist das Palais Fürstenberg, dahinter das Palais Brühl zu sehen.

ten neuen Befestigungssystems wurde die alte Stadtmauer abgebrochen.

Um 1740 schenkte Kurfürst August II. dem Premierminister Graf Heinrich von Brühl den an das Schloss anschließenden Befestigungsabschnitt. Dadurch erhielt dieses Teilstück der Festung nach wechselnden Bezeichnungen als Neue Bastei, Lusthausbastei, Jungfernbastei oder Bastei Venus nun den Namen Brühlsche Terrasse. Der einflussreiche Staatsminister ließ die circa 600 Meter lange Elbfront nach Entwürfen Johann Christoph Knöffels bebauen. Die derzeit errichteten Gebäude wie das Brühlsche Palais, die Bibliothek, ein Galeriegebäude und das zweite Belvedere wurden jedoch schon vor 1945 durch andere Bauten ersetzt.

Der Bau des Ständehauses am Treppenaufgang zur Brühlschen Terrasse. Der neunachsigen Hauptfassade zum Schlossplatz hin ist ein prächtiger Mittelrisalit vorgelegt. Das säulenflankierte Portal mit bekrönendem Dreiecksgiebel wird wiederum von jeweils einem geschossübergreifenden Säulenpaar flankiert. Den Höhepunkt bildet der Aufbau des Mittelrisalits mit dem königlichen Wappen zwischen seitlichen Skulpturen unter gesprengtem Giebel.

Ständehaus

Gegenüber dem Langen Gang des Schlosses ließ Graf von Brühl 1737–63 von Knöffel ein Palais errichten. Ende des 19. Jahrhunderts wird dieses jedoch gemeinsam mit dem Palais Fürstenberg abgebrochen und an deren Stelle 1901–03 von Paul Wallot das Ständehaus errichtet. Am Bau verbinden sich neobarocke Elemente mit Motiven der Renaissance. Bis 1933 diente das Ständehaus als Tagungsstätte der ersten und zweiten Kammer des sächsischen Landtages.

Sekundogenitur

In den vierziger Jahren des 18. Jahrhunderts errichtete Knöffel für Brühl einen Bibliotheksbau, der Ende des Jahrhunderts umgebaut und kurz-

Der dreigeschossige Bau des Ständehauses erhebt sich über trapezförmigem Grundriss und ist abgesehen vom Mittelrisalit der Hauptfassade zurückhaltend mit Bauschmuck versehen. Dem massigen Eindruck des Baukörpers wirkt der seitlich zur Brühlschen Terrasse hin angefügte Turm entgegen. Dieser verfügt über zwei offene Geschosse, die mit Halbsäulen gegliedert sind. Den Abschluss bildet eine Kuppel, auf der die vergoldete Saxonia von Johannes Schilling postiert ist. Die zum Langen Gang zeigende Seite des Gebäudes ist mit einem giebelbekrönten Mittelrisalit versehen, dessen Portal von zwei Giganten flankiert wird.

Sitzungssaal der ersten Kammer im Ständehaus.

zeitig als Kunstakademie genutzt wurde, die sich bis dahin im Fürstenbergpalais am Schlossplatz befand. 1896 verlieh Gustav Frölich dem Bau sein neobarockes Aussehen. Bis 1931 war in dem Ge-

Im Jahre 1814 errichtete Gottlob Friedrich Thormeyer im Auftrag des russischen Generalgouverneurs Repnin die monumentale Freitreppe. In 41 Stufen führt sie vom Schlossplatz zur Brühlschen Terrasse hinauf. Die knapp 14 Meter breite Treppe wird durch vier Skulpturengruppen von Johannes Schilling eingerahmt. Auf soliden Podesten sind die vier Tageszeiten, oben links der Morgen und rechts der Mittag, unten links der Abend und rechts die Nacht aufgestellt. 1908 wurden die Sandsteinfiguren durch originalgetreue Bronzeabgüsse ersetzt.

Das 1906 von Max Baumbach geschaffene Reiterstandbild König Alberts vor dem Ständehaus.

Blick auf den rechten Abschnitt der Brühlschen Terrasse vom Neustädter Elbufer aus. Von links nach rechts sieht man Ständehaus, Dresdner Schloss und Hofkirche.

Blick auf die Freitreppe zur Brühlschen Terrasse. Rechts ist ein Teil des Ständehauses und dahinter die zweigeschossige Sekundogenitur zu sehen. Die mittleren drei Achsen des fünfachsigen Vorbaus sind halbrund vorgezogen und werden von einem geschwungenen Giebel mit dem königlichen Wappen bekrönt. Das säulenflankierte Portal wird von einem kleinen Balkon überragt. Die Fassade ist sparsam durch Lisenen und florale Reliefs gestaltet. Den oberen Abschluss bildet ein geschweiftes Mansarddach aus Kupfer, das mit Dachgauben versehen ist.

bäude die Bibliothek und die Kupferstichsammlung des zweitgeborenen Prinzen untergebracht, weshalb der Bau seither den Namen „Sekundogenitur" trug. Bis 1945 diente sie als Galerie Neue Meister. Das vor der Sekundogenitur aufgestellte Ernst-Rietschel-Denkmal mit der überlebensgroßen Bronzebüste des Dresdner Bildhauers schuf der Rietschel-Schüler Johannes Schilling im Jah-

Der monumentale zweigeschossige Akademiebau auf der Brühlschen Terrasse weist eine äußerst reiche plastische Gliederung durch Pilaster und korinthische Doppelsäulen sowie ein umfangreiches Skulpturenprogramm auf. Die beiden Seitenrisalite und der überkuppelte Mittelrisalit sind deutlich vom restlichen Gebäude abgesetzt und verleihen ihm einen nahezu wehrhaften Charakter. Im Hintergrund ragt die Kuppel der Frauenkirche empor, der mit der Kuppel der Akademie ein umstrittenes Gegengewicht erwuchs.

re 1876. An dieser Stelle befand sich ursprünglich der Gartenpavillon Brühls, in dem die Technische Bildungsanstalt – Ursprung der späteren Technischen Universität – gegründet wurde.

Königliche Kunstakademie

1887–94 erbaute Konstantin Lipsius den historistischen Bau der Kunstakademie mit dem Ausstellungsgebäude auf der Brühlschen Terrasse. Das

Der Hauptfront des Ausstellungsgebäudes ist ein mächtiger Säulenportikus mit großem Dreiecksgiebel vorgelagert. Der Tympanon zeigt die Saxonia als Beschützerin der Künste. An der Südseite fügt sich der Pavillon mit der gefalteten Kuppel an, die aufgrund ihrer Gestaltung landläufig auch als „Zitronenpresse" bezeichnet wird. Diese trägt den fünf Meter hohen, von Robert Henze geschaffenen, vergoldeten Engel. Im Vordergrund steht das 1892 erschaffene Semper-Denkmal Schillings.

1743/44 von Knöffel errichtete einstöckige Galeriegebäude fiel gemeinsam mit dem klassizistischen Café Reale von Wolframsdorf diesem Neubau zum Opfer. Lipsius errichtete den monumentalen Bau im Neorenaissance-Stil und versah ihn mit Barockelementen. Das vierflügelige Akademiegebäude gruppiert sich parallel zur Elbe um einen großen Innenhof herum, während

Die Brühlsche Terrasse mit dem Belvedere von Wolframsdorf. Über einem halbkreisförmigen Untergeschoss erhob sich zurückversetzt ein weiterer Halbkreis mit großen Rundbogenfenstern. Die Art des Bauwerks zeigt deutliche Bezüge zum Opernbau von Semper. Am Fuß der Nordostecke der Brühlschen Terrasse ist das Moritz-Monument zu sehen. Das um die Mitte des 16. Jahrhunderts von Hans Walther II. geschaffene Monument ist Dresdens erstes Denkmal. Kurfürst August ließ es in Gedenken an seinen Bruder Kurfürst Moritz von Sachsen errichten. Das Monument zeigt ihn wie er als Nachfolger von Moritz von diesem das Kurschwert erhält. Die Szene zeigt auch die jeweilige Gemahlin der beiden Kurfürsten. Im Hintergrund erheben sich die Kuppeln der Frauenkirche und der Akademie. Rechts schließen sich das Akademiegebäude, die Sekundogenitur, das Ständehaus, hinter dem der Hausmannsturm des Schlosses emporragt und die Hofkirche an.

Blick in das Innere des Belvedere.

sich das an der Ostseite angeschlossene Ausstellungsgebäude um einen dreieckigen Hof anordnet. An der Südostecke der Baugruppe wurde der achteckige Pavillon mit gläserner Kuppel und der vergoldeten Figur der Fama erbaut. Das bildhauerische Programm, an dem die gesamte Dresdner Bildhauerschaft beteiligt war, stellt in Form von Skulpturen, Reliefs und Porträts die Epochen der Kunstgeschichte, verschiedene Kunstgattungen und berühmte Künstlerpersönlichkeiten wie Bramante, Pöppelmann und andere dar. Putten wurden mit künstlerischen Instrumenten versehen.

Die Personifikationen von „Ehrgeiz", „Zweifel", „Perspektive", „Tatkraft", „Beobachtung", „Eifer", „Fleiß", „Geduld" oder der verschiedenen Wissenschaften bzw. Disziplinen wie Geschichte oder Religion benennen nur einen Teil des umfangreichen plastischen Ensembles.

Belvedere

Bereits 1589 erhält Giovanni Maria Nosseni den Auftrag, für Kurfürst Christian I. an der Ecke der gerade vollendeten Bastei ein „Lusthaus" zu errichten. Als Vorbild diente das Belvedere auf dem Prager Hradschin. Im 17. Jahrhundert wurde der Bau mehrfach verändert und mit einer kostbaren Innenausstattung aus Marmor, Sandstein und Alabaster versehen. In den Kellerräumen des Belvedere hatten Tschirnhaus und der Alchimist Johann Friedrich Böttger ihr Laboratorium eingerichtet, indem sie das Porzellan entdeckten. Durch einen Brand in der Pulverniederlage unter der Bastei flog 1747 das erste Belvedere in die Luft. Knöffel errichtete daraufhin das zweite Belvedere, welches den Höhepunkt des Dresdner Rokoko bedeutete. Friedrich II. ließ diesen Bau allerdings zusammen mit anderen Bauten Knöffels abreißen. Der russische Generalgouverneur Fürst Repnin erteilte 1814 Schuricht den Auftrag für ein drittes Belvedere. Nach mehreren Entwürfen wurde ein Sockelbau mit offener Säulenvorhalle errichtet, über dem sich ein zurückgesetzter Pavillon mit Aussichtsterrasse erhob. Dieser Bau, ein typisches Beispiel des dorischen Dresdner Klassizismus, wurde bereits 1842 abgebrochen und durch das vierte Belvedere von Otto von Wolframsdorf ersetzt, das dieser in den Formen der italienischen Renaissance gestaltete.

Albertinum

Zwischen 1559 und 1563 errichteten Paul Buchner und Melchior Trost nach Plänen von Caspar Voigt von Wierandt ein eingeschossiges Zeughaus, das zu den bedeutendsten Renaissancebauten Dresdens zählte. Die von Zacharias Longuelune geplante Erweiterung bzw. der von August dem Starken entworfene Neubau kam nicht zustande. Die drohenden militärischen Verwicklungen machten den Neubau des Zeughauses schließlich doch notwendig, da die alten Depots nicht mehr genügten. Johann Georg Maximilian von Fürstenhoff erweiterte 1743–47 das Zeughaus zum dreigeschossigen Bau und versah ihn mit einem Walmdach sowie mehreren dreigeschossigen geschweiften Giebeln. Dabei verschwand auch der Pulverturm, an dessen Stelle kurz darauf das Coselpalais entstand.

1884–87 wurde das Zeughaus von Karl Adolf Canzler zum Albertinum umgestaltet und im Stil der italienischen Hochrenaissance verändert. Der Bau ist gekennzeichnet durch eine

Die Hauptfassade des Albertinums. Über einem rustizierten Sockel erhebt sich die Reihe der Rundbogenfenster und die darüber angebrachten Reliefplatten. Der deutlich hervortretende Mittelrisalit wird von einem mächtigen Architrav mit Dreiecksgiebel und der von Rudolf Hölbe geschaffenen Skulpturengruppe „Kunst" bekrönt.

betonte Horizontalgliederung und mächtige Mittelrisalite mit bekrönenden allegorischen Figurengruppen. Vom ursprünglichen Bau sind lediglich die Keller und die Halle mit toskanischen Säulen im Erdgeschoss sowie zwei Portale an der Westfassade erhalten. Der Name des seither zu Museumszwecken genutzten Vierflügelbaus leitet sich von dem 1873–1902 regierenden König Albert von Sachsen ab. Nach dem Umbau wurde zunächst die Skulpturensammlung im Albertinum untergebracht.

Coselpalais

1744–46 hatte Johann Christoph Knöffel auf dem Gelände des alten Pulverturms nahe der

Die Ostfassade des Albertinums fällt aufgrund der Hanglage dreigeschossig aus. Über dem rustizierten Sockelgeschoss erhebt sich das durch Rechteckfenster und Dreiecksgiebel gestaltete Obergeschoss. Der Bau wird durch ein Mezzaningeschoss und einen kräftigen Architrav nach oben hin abgeschlossen. Über dem Mittelrisalit, dessen zweites Obergeschoss durch vier korinthische Säulen betont wird, erhebt sich die Figurengruppe der „Bildhauerkunst" von Robert Ockelmann. Im Hintergrund ist einer der Rundtürme des Polizeigebäudes zu sehen.

Frauenkirche zwei fünfstöckige Wohnbauten für sich und den Oberkommissar Johann Carl Caesar errichtet, die 1760 zerstört wurden. Nur eines der beiden Gebäude wurde wieder aufgebaut. Friedrich August Graf von Cosel, der Sohn August des Starken und der Gräfin Cosel, kaufte das

Die elfachsige, fünfgeschossige Hauptfassade des Coselpalais wird durch einen dreiachsigen Mittelrisalit mit Rundbogen- und Ovalfenstern in den unteren Geschossen und einem Dreiecksgiebel mit Coselschem Wappen betont. Lisenen und floraler Reliefschmuck gestalten die Wandfläche. Den oberen Abschluss bildet eine Balustrade mit Skulpturen und Vasen sowie ein Mansarddach. Die zweigeschossigen Torhausflügel sind ebenso mit Lisenen und einer Balustrade versehen und tragen an den Stirnseiten einen Segmentbogengiebel mit bekrönenden Skulpturen. Der Ehrenhof des Palais ist mit Gitterwerk abgeschlossen, das von Pfeilern mit Putten von Gottfried Knöffler unterbrochen ist.

Gelände und ließ unter Einbezug der vorhergehenden Bebauung bis 1764 durch Julius Heinrich Schwarze das spätbarocke Palais errichten.

Kurländer Palais

1728 fiel das Gouvernementshaus, der Amtssitz des Ministers Graf von Wackerbarth – Generalfeldmarschall und Oberinspekteur des Bauwesens – einem Brand zum Opfer. Der Neubau erfolgte 1728/29 durch Johann Christoph Knöffel unter Einbezug wesentlicher Teile des alten Baus. Die spätere Bezeichnung als Kurländer Palais geht auf Prinz Carl, einen Enkel August des Starken zurück, der nach 1744 das Palais bewohnte und kurzzeitig Herzog von Kurland war. In der zweiten Jahrhunderthälfte sorgte Friedrich August Krubsacius für die neue Innenausstattung. Von 1815 bis 1864 wurde die Chirurgisch-Medizinische Akademie im Palais untergebracht und im Hof ein Botanischer Garten angelegt. Einer der Professoren war der Arzt, Naturforscher und Maler Carl Gustav Carus, dessen Namen die Mitte des 20. Jahrhunderts in Dresden gegründete Medizinische Akademie trägt. Bis 1912 war das Palais dann Sitz des königlichen Landesmedizinal-Kollegiums und später des Landesgesundheitsamtes. Von 1924 bis zum Ende des Krieges war der Landesverein Sächsischer Heimatschutz hier untergebracht. Das Kurländer Palais wurde 1945 bis auf die Umfassungsmauern zerstört. Nach jahrelanger Nutzung der Ruine durch den Jazzclub „Tonne“ ist das Gebäude ab 2006 wieder aufgebaut worden. Die Räumlichkeiten beherbergen inzwischen ein Restaurant bzw. werden für Events genutzt.

Synagoge

Der historisierende Bau der Synagoge wurde 1838–40 von Gottfried Semper errichtet. Romanische und byzantinisch-orientalische Formen verbinden sich mit Anklängen an die Revolutionsarchitektur zu einem imposanten Bauwerk. Auch die maurische Innenausstattung entwarf Semper selbst. In der Reichsprogromnacht vom 9. zum 10. November 1938 wird die jüdische Kirche von den Nationalsozialisten niedergebrannt und infolgedessen abgebrochen.

Neumarkt

Der städtische Siedlungsbereich um die Frauenkirche wurde 1548 durch Abriss der mittelalterlichen Mauer in die Stadt integriert. Zur namentlichen Unterscheidung der beiden Plätze an Frauenkirche und Kreuzkirche wird die Bezeichnung Altmarkt und Neumarkt vor-

Die zweigeschossige Anlage des Kurländer Palais war um zwei Höfe angeordnet und im nüchternen Rokokostil Knöffels gestaltet. Die neunachsige Hauptfassade wurde mit einem dreiachsigen Mittelrisalit mit Dreiecksgiebel, Balkon und sparsamer Ornamentik versehen. Während im Untergeschoss Stichbogenfenster eingefügt wurden, wechseln im Obergeschoss Rundbogen- mit Rechteckfenstern.

genommen. Nach der Zerstörung von 1760, der unter anderem die prächtigen Renaissancegiebelhäuser des Platzes zum Opfer fielen, wurde der Neumarkt in den schlichten Formen des Dresdner Spätbarock wieder aufgebaut. Die Ruine der Hauptwache riss man 1766 ab. Dem folgte 1791 der Abbruch des Gewandhauses. Einige Gebäude beherbergten zeitweise berühmte Hotels, wie z. B. das Hotel de Saxe oder das Hotel Stadt Berlin. Der Mit-

Über quadratischem Grundriss erhob sich der Mittelraum der Synagoge, der von einem achteckigen Tambour mit Zeltdach überhöht wurde. Im Westen war dem Baukörper eine Eingangshalle mit zwei Türmen vorgelagert.

Blick vom Rathausturm in Richtung Neumarkt. Rechts überragt der mächtige Bau der Frauenkirche die umliegenden Dächer. Links sieht man den Hausmannsturm des Schlosses und rechts daneben den Turm der Hofkirche.

te des 17. Jahrhunderts aufgestellte Türkenbrunnen wurde in der zweiten Hälfte des 19. Jahrhunderts an den Jüdenhof versetzt. In dieser Zeit fand auch das Denkmal König Friedrich August II. von Ernst Julius Hähnel auf dem Neumarkt seinen Platz. Es zeigt den Monarchen in Feldherrenpose, zu seinen Füßen sitzen die vier Kardinalstugenden Klug-

Blick auf den Neumarkt. Auf der linken Seite fügt sich der gewaltige Kuppelbau der Frauenkirche in die Platzbebauung ein.

Der Neumarkt mit dem Luther-Denkmal im Vordergrund. Rechts ist das Denkmal König Friedrich August II. und links, auf dem Jüdenhof vor dem Johanneum, der Türkenbrunnen zu sehen. Besonderer Akzent der Platzgestaltung ist die halbrund verlaufende Häuserzeile mit dem Hotel Berlin.

Blick vom Turm der Kreuzkirche in Richtung Neumarkt. Gewaltig ragt der Baukörper der Frauenkirche aus dem Häusermeer empor. Rechts davon erhebt sich die Kuppel der Akademie. Auf der anderen Elbseite sind die beiden kolossalen Ministeriumsgebäude zu sehen.

heit, Mäßigkeit, Tapferkeit und Gerechtigkeit. 1885 wird an der Frauenkirche George Bährs das Luther-Denkmal von Adolf von Donndorf platziert.

Frauenkirche

Die Frauenkirche ist ein Wahrzeichen evangelischen Kirchenbaus und zählt zu den wichtigsten

Blick auf den Neumarkt mit der Frauenkirche vom Jüdenhof aus. Links ragt die doppelläufige Treppe des Johanneums in den Platz hinein.

rechts: Der Baukörper der Frauenkirche erscheint als quadratischer Zentralbau mit an den Ecken hervortretenden Treppenhäusern. Die glockenförmig gestreckte Steinkuppel ist von den vier zierlichen Treppentürmen umgeben und durch eine offene Laterne mit Haube und Kreuz bekrönt. Wegen der Einkeilung des Bauwerks zwischen anderen Bauten wurde auf eine Hauptfassade verzichtet. Während das Innere, vor allem der Altarraum, eine barocke Festlichkeit vermittelt, wird am Außenbau der klassizistische Einfluss des Oberlandbauamtes deutlich, der sich in größerer Strenge und Einfachheit äußert. Ausdruck dessen ist die sparsame Gliederung durch Pilaster und hohe Rundbogenfenster im Hauptgeschoss und die schlichte darüber liegende Zone der Ovalfenster mit Dreiecksgiebel- oder Segmentbogenabschluss.

Werken europäischer Kultur- und Baugeschichte. In der Nähe des späteren barocken Kuppelbaus befand sich als Mittelpunkt der slawischen Siedlung ursprünglich die Kirche „Zu unserer lieben Frauen“, ein vermutlich hölzerner Bau aus dem 11. Jahrhundert, welcher der Missionierung der Elbtalbewohner diente und die älteste Kirche Dresdens darstellte. Im 12. Jahrhundert wich der Bau, dessen genaues Aussehen unbekannt ist, einer steinernen romanischen Basilika, die zwar nicht in die ummauerte Stadt einbezogen wurde, aber dennoch Pfarrkirche der Stadt war und dies bis 1539 blieb. Im 14. und 15. Jahrhundert wird der Bau im gotischen Sinne ergänzt.

Erst nach der Erweiterung der Stadtbefestigung durch Caspar Voigt von Wierandt in den zwanziger Jahren des 16. Jahrhunderts bzw. durch den Abbruch der alten Stadtmauer Mitte des gleichen Jahrhunderts wurde die Siedlung um die Frauenkirche schließlich in die Stadt einbezogen. Die zu klein gewordene, baufällige Kirche wurde abgebrochen und nach mehreren Jahren der Planung ab 1726 die Frauenkirche errichtet. Mit Konzeption und Bauausführung war der Ratszimmermeister George Bähr beauftragt worden. Die Bauaufsicht lag beim führenden Oberlandbaumeister Johann Christoph Knöffel, dessen Anregungen beim Bau der Kirche einflossen. Der endgültige Entwurf sah einen Zentralbau auf quadratischem Grundriss unter einer gewaltigen hochgewölbten Kuppel vor. Die Weihe der unvollendeten Kirche fand trotz der fehlenden Orgel und des provisorischen Altars bereits 1734 statt. Die Steinkuppel, eine geniale baumeisterliche Leistung, wurde bis 1738, dem Jahr in dem Bähr verstarb, vollendet. Die Arbeiten am Bau wurden nach den Plänen Bährs durch seinen Schüler und Mitarbeiter Johann Georg Schmidt fortgeführt. 1740–43 wurde der Kirche die Laterne mit hölzerner Haube und Kreuz aufgesetzt und

Die hohe steinerne Kuppel der Frauenkirche, des bedeutendsten Kuppelbaus nördlich der Alpen, krönt die Stadtsilhouette Dresdens. Allerdings wurden bereits während ihres Baus von verschiedener Seite Bedenken über die Standhaftigkeit der Kuppel geäußert. Ein Gutachten von Gaetano Chiaveri, dem Erbauer der katholischen Hofkirche, hatte den Abriss der Kuppel und ihre Errichtung in Holz empfohlen. Die Diskussion über die Last und Stabilität der steinernen Kuppel flammte durch Risse in den Bögen wieder auf. Als aber 1760 die Kanonenkugeln der Preußen von der Kuppel abprallten und die Frauenkirche anders als z.B. die Kreuzkirche relativ unversehrt stehen blieb, wuchs das Vertrauen in die Stabilität der Konstruktion. Dennoch bestätigten Untersuchungen des 20. Jahrhunderts die Richtigkeit von Chiaveris Warnung. Das Gewicht der Kuppel lastete allein auf den acht Pfeilern, die für diese Last nicht konstruiert waren. 1938–42 wurde das Bauwerk unter anderem durch Stahlbeton-Ringanker an der Innenseite der Kuppel statisch gesichert.

damit der Bau vollendet. Mit dieser Laterne war eine schlichtere und niedrigere Variante verwirklicht worden als Bähr sie vorgesehen hatte.

Im Inneren tragen acht durch Arkaden verbundene Pfeiler die Innenkuppel über dem zentralen kreisförmigen Gemeinderaum. Die 1739 von Johann Christian Feige gefertigte Kanzel wurde aus akustischen Gründen und gegen den Willen Bährs am nordöstlichen Pfeiler angebracht. Der reich ausgestattete, bühnenartig erhöhte Altarraum beherbergt den 1733–39 ebenso von Johann Christian Feige geschaffenen prunkvollen Hochaltar, ein gewaltiger Säulenaufbau mit Reliefs, Figurenschmuck und geschweiftem Giebel mit Kartusche. Darüber wurde der reich geschwungene Prospekt mit der von Gottfried Silbermann geschaffenen Orgel eingefügt. Die Kuppelausmalung mit den Monumentalbildern der vier Evangelisten und den Allegorien der vier Tugenden schuf der Theatermaler Johann Baptist Grone. Nach mehrfachen Sicherungen und Ausbesserungen der Frauenkirche im 19. und 20. Jahrhundert ist die Ausmalung der Kuppel noch 1943, in der Annahme, Dresden würde von den Bombenangriffen verschont bleiben, restauriert worden.

Wettiner Gymnasium

Der 1884 vom Stadtbaurat Theodor Friedrich errichtete dreigeschossige Dreiflügelbau ist einer der zahlreichen Schulneubauten dieser Zeit. Die Neorenaissance-Fassade ist Ausdruck der Nachwirkungen der Semper-Nicolai-Schule. Im Inneren birgt das Gebäude eine aufwendige Ausgestaltung wie z.B. eine Eingangssäulenhalle mit Kreuzgratgewölben und vergoldeten Kapitellen. Seit 1981 wird das ehemalige Gymnasium als Musikhochschule „Carl Maria von Weber“ genutzt.

Ortskrankenkasse

Das Gebäude der Ortskrankenkasse, heute Sitz der AOK, entstand im Jahre 1908 nach Entwürfen der Architekten Rudolf Schilling und Julius Gräbner. Das Portal wird von drei überlebensgroßen Figuren geschmückt: einem Mann und einer Frau mit einem Kleinkind auf dem Arm sowie einem kräftigen Athleten, der einen Steinkoloss auf der Schulter trägt.

Wilsdruffer Vorstadt

Annenkirche

Die 1578 errichtete Kirche war der erste evangelische Kirchenneubau Dresdens und wurde der Kurfürstin Anna, der Gemahlin von Kurfürst August von Sachsen, geweiht. Nach der Zerstörung im Siebenjährigen Krieg baute Jo-

Glanzstück der neunzehnachsigen Hauptfront des Gymnasiums ist der fünfachsige Mittelrisalit mit bekrönendem Dreiecksgiebel sowie Pilastern und Halbsäulen in Kolossalordnung. Das gequaderte Erdgeschoss des Schulgebäudes ist durch ein Gesims von den verputzten Obergeschossen mit Kolossalpilastern getrennt. Flache Walmdächer bilden den Abschluss nach oben.

Der blockhafte, fünfgeschossige Baukörper der Ortskrankenkasse ist von einem Gesims über dem dritten Geschoss unterbrochen und mit einem Dachreiter versehen.

hann Georg Schmidt die Kirche bis 1769 als barocke Saalkirche wieder auf und übernahm dabei Stilelemente der Dreikönigskirche. Der klassizistische Turm, der einzige dieses Baustils in Dresden, wurde 1822–24 von Gottlob Friedrich Thormeyer hinzugefügt. 1906–09 erfolgte wegen Baufälligkeit der Teilabriss und die originalgetreue Rekonstruktion sowie innere Umgestal-

Blick in die Annenstraße. Im Hintergrund die Annenkirche.

tung im Sinne des Jugendstils. Im Inneren bilden die durch zwölf Rundbögen verbundenen Pfeiler ein Oval, um das sich die Emporen erheben. Nachdem die Kirche 1945 ausbrannte, konnte sie nach ihrer Wiederherstellung bereits 1950 wieder genutzt werden. Erst in den neunziger Jahren erfolgte die Restaurierung des Außenbaus und die Rekonstruktion des Turmes.

Johannstadt

Kunstgewerbeschule mit Kunstgewerbemuseum

In einer Mischung aus neubarocken Formen und Jugendstilelementen und unter Wiederverwendung von Bauplastiken, Türen und Gittern des abgebrochenen Palais Brühl errichteten Hermann Viehweger und William Lossow 1903–06 den umfangreichen Komplex der Kunstgewerbeakademie. Um vier Höfe verbinden langgestreckte Flügelbauten die großen Pavillons.

1945 brannte das Schulgebäude aus und wurde infolgedessen vereinfacht wieder hergestellt. Nach dem Krieg beherbergte es verschiedene Abteilungen der Hochschule für Bildende Künste sowie die Bibliothek, das Kupferstichkabinett und das Münzkabinett. Die beiden Kabinette der Staatlichen Kunstsammlungen sind inzwischen wieder an ihren ursprünglichen Ort im Residenzschloss umgezogen. Das Kunstgewerbemuseum wurde nach 1945 zunächst nach Moritzburg und ab 1963 nach Pillnitz verlegt.

Der rechteckige Außenbau der Annenkirche ist mit einem Mansarddach versehen und durch Kolossalpilaster gegliedert. An den Längsseiten wurde jeweils eine leicht geschwungene Vorlage mit einem Rundbogenportal angefügt. Über der Vorhalle, in die drei Rundbogenportale hineinführen, erhebt sich der quadratische, dreigeschossige Turm. Die leicht gewölbte Südwestfassade trägt einen großen Segmentgiebel mit Rundfenster.

Ein repräsentativer dreiachsiger Haupteingang mit Vorhalle und Giebelfeld bietet den Zugang zum Gelände der ehemaligen Kunstgewerbeschule, das mehrere Gebäude umfasst. Die ein- bis viergeschossigen Flügelbauten mit Mansardwalmdächern gruppieren sich mit den mächtigen Pavillonbauten um die einzelnen Höfe. Säulen, Skulpturen und plastischer Schmuck beleben die Baukörper.

Sachsenplatz

An der länglichen Platzanlage am Altstädter Brückenkopf der Albertbrücke befanden sich bis 1945 die Jägerkaserne sowie repräsentative Bürgerhäuser der Gründerzeit. Auf der gegenüberliegenden Seite war Ende des 19. Jahrhunderts das Amtsgericht gebaut worden. 1910–14 errichtete Hans Erlwein an der Ecke zur Gerokstraße (Güntzplatz) das Stadthaus, das später als Sparkasse genutzt wurde.

Während Jägerkaserne und Gründerzeithäuser 1945 dem Feuersturm zum Opfer fielen und

Die Jägerkaserne wurde in den neunziger Jahren des 19. Jahrhunderts am Sachsenplatz errichtet und ergänzte die umfangreiche, auch als Albertstadt bezeichnete Kasernenanlage im Dresdner Norden. Die viergeschossige Vierflügelanlage der Kaserne umgab einen großen, rechteckigen Hof und zeichnete sich durch die vier massiven Ecktürme aus.

Das Amtsgericht entstand 1888–92 nach Entwürfen von Arwed Roßbach. Der mächtige, streng symmetrische Vierflügelbau verarbeitet den Stil florentinischer Renaissancepaläste. Über einem flachen Sockel erhebt sich der dreigeschossige Rustikalbau mit abschließender Balustrade und kräftigen Eckrisaliten. Dem Eingang des Bauwerks ist eine Säulenhalle vorgelagert, die von der personifizierten Wahrheit und Gerechtigkeit von Johannes Schilling flankiert und vom sächsischen Wappen bekrönt wird.

Geschäfts- und Bürgerhäuser am Sachsenplatz.

nicht wieder errichtet wurden, baute man die Vierflügelanlage des ehemaligen Amtsgerichts ohne den hinteren Flügel wieder auf. Nachdem zu DDR-Zeiten hier das Bezirks- und Kreisgericht Dresden untergebracht war, beherbergt das Gebäude heute das Landgericht. An der Ecke zur Gerokstraße befindet sich nach wie vor der als Sparkasse genutzte Bau Erlweins.

Seevorstadt

Palais und Parkanlage Großer Garten

Der Große Garten ist der größte zusammenhängende Park der Stadt und wurde ab 1676 zunächst als quadratische Anlage mit orthogonalen und diagonalen Wegen angelegt. Zu Vergnü-

Das Johannstädter Elbufer. Rechts im Bild die Jägerkaserne.

Das Palais im Großen Garten von Osten aus gesehen mit dem Palaisteich im Vordergrund. Über dem hohen rustizierten Untergeschoss folgt das Hauptgeschoss mit Mezzanin. Ost- und Westseite des Mittelbaus verfügen über einen stark hervortretenden Risalit mit Segmentbogen, während sich die dreiachsigen Risalite der Flügelbauten an der Nord- und Südseite kaum von der Fassade abheben und von einem Dreiecksgiebel bekrönt werden. Den reichen plastischen Schmuck der Fassaden schufen die Bildhauer Jeremias und Conrad Süßner, Abraham Conrad Buchau, Marcus Conrad Dietze und George Heermann. Der ganze Bau ist durch Lisenen gegliedert und von üppigem vegetabilen Flächendekor überzogen. Die Walmdächer tragen Gauben und einen als durchbrochene Balustrade ausgebildeten Firstkamm.

gungszwecken entstand 1678–83 im Schnittpunkt der zwei Hauptalleen das Palais als eines der frühesten Barockbauten Dresdens und Sachsens. Oberlandbaumeister Johann Georg Starcke verband hier deutsche, französische und italienische Bautraditionen. Im Zentrum des H-förmigen Grundrisses erhebt sich das Erdgeschoss als ein durch Stützen unterteiltes, kreuzgewölbtes Vestibül, während das Obergeschoss als zweigeschossiger Saal gestaltet ist, zu dem an Vorder- und Rückseite doppelläufige Freitreppen hinaufführen. An den Schmalseiten öffnet sich der Saal in je drei Arkaden zu den Flügelbauten. Beide Geschosse wurden reich mit Marmorarbeiten, Stuckaturen und Ausmalungen ausgestattet. Johann Friedrich Karcher gestaltete die Parkanlage ab 1683 in einen Barockgarten nach französischem Vorbild um und beseitigte die Diagonalen zugunsten eines symmetrischen Wegenetzes mit schnurgeraden Alleen. Die das Palais umgebenden acht quadratischen, dreiachsigen Pavillons wurden 1684–94 von Starcke als Spielsäle für die Hofgesellschaft errichtet. Den ursprünglich eingeschossigen Saalbauten setzte man später noch ein Halbgeschoss auf und nannte sie Kavalierhäuser. Gequaderte Wandstreifen, Dreiecksgiebel und Mansarddächer kennzeichnen die Bauten. Im 18. Jahrhundert beherbergten sie zum Teil die Antikensammlung, bis man sie im 19. Jahrhundert zu Wohnzwecken umgestaltete.

Unter August dem Starken wurde die Parkanlage erweitert und um zahlreiche Skulpturen bereichert. Über hundert Werke von Antonio Corradini, Pietro Balestra, Johann Christian Kirchner und Balthasar Permoser fanden ihren Platz im Großen Garten. Ein Großteil ging jedoch bei der preußischen Beschießung im Jahre 1760 zugrunde. 1715 wurde der Palaisteich angelegt und ein Jahr später die Fasanerie in den Großen Garten verlegt. Zum Schutz der Fasane errichtete man eine zwei Meter hohe Mauer mit Torhäusern. Nach den Zerstörungen durch die preußische Beschießung gestaltete Julius Heinrich Schwarze nach 1764 den Großen Garten zum englischen Park um. In der zweiten Hälfte des 19. Jahrhunderts erweiterte man die Fläche des Großen Gartens, legte den Zoologischen und den Botanischen Garten sowie den Neuen Teich an und errichtete den Ausstellungspalast.

Ausstellungsgebäude

Am Großen Garten entstand 1894–96 der Ausstellungspalast von Alfred Hauschild und Edmund Bräter. Die komplexe Anlage bestand aus einem langgestreckten Saalbau mit Rundbogenfenstern und bekrönender Kuppel, an den sich zu beiden Seiten Eckpavillons mit kleineren Kuppeln anschlossen. Dahinter fügte sich ein weiterer rechteckiger Saalbau an. Eingeweiht wurde der

Der Mittelrisalit der westlichen Fassade des Palais. Die Risalite der Ost- und Westseite sind mit Säulen und Figurennischen versehen und durch einen Segmentgiebel mit Kurwappen bekrönt. Am Fuße der doppelläufigen Treppenanlagen sind die Skulpturen „Herakles" und „Telephos" bzw. „Seleinos" und „Dionysos" aufgestellt. Das reiche Schmuckwerk aus Blattgirlanden, gerafften Tüchern und Blüten verleiht dem Bau eine festliche Ausstrahlung. Das Rundbogenportal im Untergeschoss trägt als Schlussstein einen fratzenhaften Bacchuskopf (Ostseite) bzw. einen bärtigen Faunkopf (Westseite).

Das Haupttor des Großen Gartens im Osten. Die gequaderten Torpfeiler mit vorgelagerten Pilastern wurden um 1720 errichtet und waren bis 1813 durch ein goldenes Tor verbunden. Die beiden bekrönenden Statuengruppen zeigen Meleager und Atalante (links) sowie Venus und Amor (rechts). Das zweite Haupttor im Westen war 1814 nach Aufgabe der Fasanenzucht gemeinsam mit der Umfassungsmauer abgebrochen worden.

Blick von der westlichen Freitreppe des Palais auf die vom Hofgärtner Johann Gotthelf Hübler im 19. Jahrhundert geschaffenen Rasen- und Blumenparterre. Rechts eines der acht Kavalierhäuser. Entfernt im Hintergrund befindet sich die Skulpturengruppe „Boreas entführt Orithya" („Die Zeit entführt die Schönheit") von Pietro Balestra.

Zwei der ehemals über zehn Herkules-Statuen von Permoser (bzw. seiner Werkstatt), von denen viele gemeinsam mit anderen Skulpturen der preußischen Beschießung von 1760 zum Opfer gefallen waren.

Die „Grosse Wirtschaft" im Großen Garten. Nachdem man die Fasanenzucht aufgegeben hatte, wandelte man die Torhäuser zu Gaststätten um und richtete im Haus des Fasanenwärters das Gasthaus „Grosse Wirtschaft" ein.

Ausstellungspalast mit der Zweiten Internationalen Gartenbauausstellung. Es folgten Internationale Kunstausstellungen und 1911 die Erste Internationale Hygieneausstellung. 1914–16 entstanden in unmittelbarer Nähe die in klassizistischen Formen gestalteten Gebäude des neuen Städtischen Kunstausstellungsgebäudes von Hans Erlwein und Carl Hirschmann. Von einem Pavillon mit sechs vorgelegten ionischen Säulen aus verliefen zu beiden Seiten eingeschossige, vierachsige Verbindungsgänge, an die je ein quadratischer, zweigeschossiger Pavillon anschloss. Im rechten Winkel folgte noch ein zweigeschossiger Verwaltungsbau mit vorgelagerten Säulen und

Im Zuge der Erweiterung des Großen Gartens in der zweiten Hälfte des 19. Jahrhunderts legte man auch den Carolasee an und errichtete in unmittelbarer Nähe das Carolaschlösschen.

Der sensationelle Stahlgerüstbau des Kugelhauses war 30 Meter hoch und hatte einen Durchmesser von 24 Metern. Er beherbergte Geschäfte und eine Aussichtsterrasse. Im Vordergrund ist die Parkeisenbahn zu sehen.

Freitreppe. Auf dem Messegelände am Großen Garten entstanden in den zwanziger Jahren auch das Kugelhaus und das Planetarium. Das Kugelhaus wurde als erstes der Welt anlässlich der Ausstellung „Mensch und technische Stadt" im Jahre 1928 vom Berliner Architekten Peter Birkenholz errichtet und 1938/39 von den Nationalsozialisten abgebrochen. Das von Paul Wolf erbaute Plane-

oben: Der Ausstellungspalast. Historisierend sind die Fassaden durch Lisenen, Rundbogenfenster und Dreiecksgiebel gestaltet. Die Ansicht zeigt das Gelände vor der Errichtung der neuen Ausstellungsgebäude und des Kugelhauses.

links: Der runde Stahlbetonbau des Planetariums mit bekrönender Kuppel.

Eine breite Treppe führt zu dem kubischen Hauptbau des Hygiene-Museums hinauf. Hinter einer vorgelagerten Pfeilervorhalle verbergen sich fünf Türen zum Eingangsbereich. An den großen Mittelbau schließen seitlich zweigeschossige Trakte an, in denen Büroräume und Werkstätten untergebracht wurden. Von der Rückseite des Mittelbaus aus verlaufen drei niedrige Flügel um einen rechteckigen Hof. Sie bilden die eigentlichen Museumsräume.

tarium fiel den Bombenangriffen vom Februar 1945 zum Opfer und wurde daraufhin abgerissen.

Deutsches Hygiene-Museum

Den Anlass zum Bau des Hygiene-Museums gab die Erste Internationale Hygieneausstellung im Jahre 1911. Durch den Ersten Weltkrieg wurde die Ausführung allerdings vorerst verhindert und das Museum erst 1928–30 von Wilhelm Kreis errichtet. Anlass für die Eröffnung der neuklassizistischen Vierflügelanlage war die Zweite Internationale Hygieneausstellung.

1945 wurden große Teile des Museumsgebäudes und seiner wertvollen Sammlungsbestände vernichtet. Wegen der großen nationalen und internationalen Bedeutung konnte die Ausstellung jedoch bald wieder in das rekonstruierte Gebäude einziehen.

Strehlen

Christuskirche

Als erster Kirchenbau löste sich die Strehlener Kirche von der historistischen Tradition. Von 1861 bis 1894 hatte das Eisenacher Regulativ für evangelische Kirchenbauten den Stil der Gotik oder Romanik vorgeschrieben. Der in den ersten Jahren des 20. Jahrhunderts von Rudolf Schilling und Julius Gräbner ganz modern im Jugendstil errichtete Bau war der erste seiner Art in Deutschland. Nach ihrer Zerstörung im Februar 1945 wurde die Kirche bis Anfang der fünfziger Jahre äußerlich unverändert wieder hergestellt, die Jugendstilausstattung im Innern ging jedoch verloren.

Die monumentale Saalkirche mit Doppelturmfront und bogenförmiger Apsis zwischen den Treppentürmen im Nordosten ist über rechteckigem Grundriss erbaut und trägt ein gestaffeltes Walmdach. Die Längsseiten sind segmentbogenförmig ausgebaucht. Bemerkenswert ist auch der über dem von Treppentürmen flankierten Haupteingang im Südwesten angebrachte segnende Christus von Peter Pöppelmann.

Südvorstadt

Universität

Die heutige Technische Universität geht auf die 1828 im Gartenpavillon auf der Brühlschen Terrasse von Wilhelm Gotthelf Lohrmann eröffne-

Die ersten Bauten auf dem neuen Gelände der Technischen Hochschule an der George-Bähr-Straße.

te Technische Bildungsanstalt zurück. Mitte des Jahrhunderts wird sie zum Polytechnikum erhoben und bezog großzügige Gebäude südlich des Hauptbahnhofes. Seit 1890 wurde die Bildungsanstalt als Technische Hochschule weitergeführt, der ab 1898 ein zwölf Hektar großes Gelände zwischen der George-Bähr-Straße und der Mommsenstraße für Erweiterungsbauten zur Verfügung gestellt wurde. Die Bebauung des neuen Hochschulgeländes erfolgte durch die Architekten Karl Weißbach und Martin Dülfer.

Die Bombenangriffe im Februar 1945 zerstörten 85% der Bausubstanz der Technischen

Der gewaltige Komplex des Landgerichtes mit Untersuchungsanstalt, den Oskar Kramer 1902–07 errichtete, wurde erst nach dem Krieg zu universitären Zwecken genutzt. Das neuromanische, burgartige Hauptgebäude ist mit Jugendstilelementen versehen und erhebt sich mit seinen vier Flügeln über kreuzförmigem Grundriss.

Hochschule. Nachdem die Schäden relativ schnell beseitigt werden konnten wurden nach und nach weitere Bauten an der Hochschulstraße, der Bergstraße und am Zelleschen Weg errichtet und das Unigelände – 1961 war die Technische Hochschule zur Technischen Universität geworden – immer weiter ausgedehnt. 1997 entstand der moderne Bau des Hörsaalzentrums an der Bergstraße, 2002 wurde der neue Bibliotheksbau am Zelleschen Weg eröffnet.

Das rechteckige, sechsgeschossige Mühlengebäude ist mit dem zehngeschossigen Turm und dem hohen, fast fensterlosen Silogebäude durch eine kleine Brücke verbunden. Der markante Turm trägt ein geschweiftes Satteldach über dem zweifach verjüngten Aufsatz. In den neunziger Jahren wurde das Gebäude restauriert und modernisiert.

Friedrichstadt

Bienertsche Hafenmühle

Die Hafenmühle am Elbkai der Altstadt, eines der seinerzeit größten und modernsten Mühlenwerke, entstand 1913 im Auftrag von Theodor Bienert und wurde von William Lossow und Max Hans Kühne in Stahlbeton-Bauweise ausgeführt.

Die Kuppel, die auf dem sechsgeschossigen, farbenfrohen Hauptbau thront ist mit verschiedenfarbigem Glas gestaltet und von weiteren Türmchen umgeben. Zu DDR-Zeiten als Tabakkontor genutzt, wurde der imposante Bau in den Neunzigern umfangreich saniert und als Gastronomie- und Bürohaus wiedereröffnet.

Tabak- und Zigarettenfabrik Yenidze

Hermann Martin Hammitzsch errichtete 1907–12 für die 1886 von Hugo Zietz gegründete Zigarettenfirma einen der ersten Stahlbetonbauten Deutschlands. Benannt wurde der Industriebau nach einem Ort in einem türkischen Anbaugebiet. Das pseudo-orientalische Gebäude imitiert eine Moschee mit Zentralkuppel und orientiert sich dabei an maurisch-mameluckischen Vorbildern.

Palais Brühl-Marcolini

Der Hauptbau der heutigen umfangreichen Krankenhausanlage Friedrichstadt wurde im Jahre 1727 von Johann Christoph Naumann für die

rechts: Die Fassade des zweigeschossigen Marcolini-Palais zeigt eine sparsame klassizistische Gestaltung mit Rechteckfenstern und Lisenen.

Gebäude auf dem Gelände des Schlachthofes. Während rechts ein zweigeschossiges Verwaltungsgebäude zu sehen ist, ragt links der Turm des Maschinenhauses empor.

Blick auf die umfangreiche Anlage des städtischen Schlachthofes von oben. Dutzende von Häusern, zu denen unter anderem die Ställe und Schlachthallen, das Kessel- und Maschinenhaus, Markthallen und ein Kühlhaus gehörten, wurden nach den Plänen Erlweins errichtet.

Fürstin von Teschen, Herzogin von Württemberg und Teck, errichtet. Für den Grafen Brühl wurde das ursprüngliche Palais, ein dreiflügeliges schlichtes Barockgebäude mit Ehrenhof, 1736–46 durch Johann Christoph Knöffel weiter ausgebaut. Im Zuge dieser Erweiterung wurden zwei Seitenflügel, eine Orangerie und der Westflügel angebaut. In den siebziger Jahren des 18. Jahrhunderts erwarb Graf Camillo von Marcolini das Gebäude und ließ es von Johann Daniel Schade im klassizistischen Sinne umbauen, aufstocken und mit einem Ostflügel versehen.

Im 19. Jahrhundert erfolgten weitere Veränderungen. Seither wurden verschiedene Räume

Während die beiden ersten Gasbehälter nur zweigeschossig errichtet wurden, nimmt der große Gasbehälter Erlweins gewaltigere Ausmaße an und verfügt über insgesamt sechs Geschosse. Ringsherum sind fünf kubische Treppentürme angebracht, die über den Ansatz der Flachkuppel hinausragen.

an reiche Engländer oder Dresdner Bürger wie z. B. Richard Wagner oder Ernst Hähnel vermietet. 1849 richtete die Stadt, nachdem das Palais in ihren Besitz übergegangen war, hier das Krankenhaus ein. Seitdem wurde das Gelände immer mehr vergrößert und auch nach dem Zweiten Weltkrieg kamen weitere Neubauten hinzu.

Schlachthof

Stadtbaurat Hans Erlwein errichtete in den Jahren von 1906 bis 1913 im Ostragehege die umfangreiche Anlage des städtischen Vieh- und Schlachthofes, die eine der modernsten Deutschlands darstellte. Unter Verwendung

Der Hauptbau des Krematoriums erhebt sich über ovalem Grundriss und ist in schlichter, tempelartiger Monumentalität gestaltet. Die Schornsteine sind seitlich an das Gebäude angefügt und überragen die flache Kuppel nur unwesentlich. Eine geschwungene, doppelläufige Freitreppe führt zum Eingang hinauf.

neuer Baumaterialien wie Eisenbeton entstanden die unzähligen meist ein- bis zweigeschossigen, langgestreckten Gebäude mit einer bewegten, von Giebeln, Gauben und Dachreitern bestimmten Dachlandschaft.

Die 1945 schwer beschädigte Anlage des Schlachthofes wurde nach dem Krieg verändert wieder aufgebaut. Zu DDR-Zeiten betrieb man hier das Dresdner Fleischkombinat. Seit 1999 befindet sich in einem Teil der sanierten Gebäude die Dresdner Messe.

Reick

Gasfabrik

Nachdem Theodor Friedrich 1877–81 für die städtische Gasanstalt zwei Gasbehälter errichtet hatte, baute man nach Entwürfen von Hans Erlwein 1907/08 auf dem Gelände des Gaswerkes noch einen dritten, größeren Gasbehälter. Als 1973 die Gaserzeugung eingestellt wurde, begann man einen der beiden kleineren Gasbehälter wieder abzutragen. Heute sind noch die Ziegelummauerung des zweiten sowie der runde Stahlbetonbau des dritten Gasbehälters erhalten und als Industriedenkmal geschützt.

Tolkewitz

Krematorium

Das Krematorium wurde 1909–11 von Fritz Schumacher auf dem bereits in den 1880er Jahren angelegten Johannisfriedhof errichtet. Zum Gebäudekomplex gehören eine Feierhalle im Hauptbau und ein anschließender Urnenhof mit zwei kleineren Bauten. Vor dem Hauptbau wurde ein großes Wasserbecken angelegt. Das Krematorium ist bis heute nahezu unverändert erhalten. 2003–05 entstand daneben die neue Krematoriumsanlage.

Der in Eisenbeton-Skelettbauweise errichtete sechsgeschossige Bau der ehemaligen Ernemann Werke verzichtet auf jegliche historisierende Elemente. Markantester Teil des Gebäudes ist der quadratische Turm mit ovalem Aufbau und Kuppelabschluss.

Striesen

Ernemann Werke AG

Der mehrflügelige Bau mit dem zwölfgeschossigen Turmhaus entstand 1915–18 bzw. 1922/23 im Auftrag der Ernemann AG und wurde durch Emil Högg und Richard Müller erbaut. Die 1897 von Heinrich Ernemann gegründete Kameraproduktionsfirma fusionierte im Laufe des 20. Jahrhunderts mit anderen Kameraherstellern und firmierte seit den sechziger Jahren als VEB Pentacon. Seit Anfang der Neunziger beherbergt der östliche Gebäudeteil die Technischen Sammlungen.

Elbbrücken

Augustusbrücke

Die Augustusbrücke zwischen Schlossplatz und Neustädter Markt war die erste Elbbrücke

Blick durch den ersten Bogen der alten Augustusbrücke auf linkselbischer Seite. Hinter dem Helbigschen Etablissement und dem Hotel Bellevue erhebt sich der Turm des Fernheizwerkes. Im Zuge des Baus der Friedrich-August-Brücke fiel auch Helbig's Gasthaus der Terrassenufer-Straße zum Opfer, die Theater- und Schlossplatz vom Verkehr entlasten sollte.

Die Augustusbrücke von linkselbischer Seite aus gesehen. Im Hintergrund sieht man den Turm der Dreikönigskirche auf der Neustädter Elbseite.

Abbruch der Augustusbrücke im Jahre 1907. Dahinter ist die im November dem Verkehr übergebene Interimsbrücke zu sehen.

Blick auf Interims-brücke und Augus-tusbrücke.

Anlegestelle der Elbdampfer am Terrassenufer mit der Friedrich-August-Brücke im Hintergrund.

Dresdens. Als Elbübergang des Handelsweges nach Böhmen gehört ihr Vorgängerbau im Mittelalter zu den ältesten Brücken Europas. Nach einem hölzernen Brückenwerk aus dem 12. oder frühen 13. Jahrhundert ist schon seit 1287 eine steinerne Brücke mit Zinnen und 23 Bögen belegt. Auf der Brücke befand sich die Kapelle zum heiligen Leichnam, die seit dem 14. Jahrhundert dem heiligen Alexius gewidmet war. Nach mehrfachen Erneuerungen im 16. Jahrhundert erfolgten 1727–31 im Auftrag August des Starken Umbau und Erweiterung der schadhaften und für den Verkehr zu engen Brücke. Nach einem Entwurf von Matthäus Daniel Pöppelmann errichtete Johann Gottfried Fehre eine elf Meter breite, 402 Meter lange Brücke mit 17 Bögen, schmiedeeisernen Geländern und seitlichen Nischen mit Steinbän-

Die Friedrich-August-Brücke von der Neustadtseite aus gesehen mit Blick auf das Dresdner Schloss und die Hofkirche sowie den Theaterplatz mit der Gemäldegalerie und der Oper.

ken und Laternen. Nach ihrem Bauherrn wurde die Brücke als Augustusbrücke bezeichnet und zählte zu den bedeutendsten Brückenbauten Europas seit der Spätrenaissance. Das Zollhaus, welches nach der Reformation die Alexiuskapelle ersetzte, wurde von Fehre nicht wie-

Die Friedrich-August-Brücke von der linkselbischen Seite aus mit Blick auf die Neustadt mit dem Turm der Dreikönigskirche.

der aufgebaut. Die ursprünglich geplanten, mächtigen Brückenköpfe und der umfangreiche Figurenschmuck wurden bis auf das Blockhaus auf der Neustädter Seite und das Kruzifix von Christoph Abraham Walther auf dem fünften Pfeiler nicht verwirklicht. 1845 wurde das Kruzifix vom Elbehochwasser mitgerissen, nachdem der Pfeiler zum Teil eingestürzt war. Da die Bögen der Brücke für den Schiffsverkehr zu eng waren und ihre Fahrbahn für den Stadtverkehr zu schmal, errichteten der Architekt Wilhelm Kreis und der Ingenieur Hermann Klette 1907–10 einen Neubau. Die Friedrich-August-Brücke orientierte sich optisch an

Marienbrücke und Eisenbahnbrücke.

Der Blick von der Marienbrücke auf die Dresdner Altstadt. Vorn rechts ragt der Turm des Fernheizwerkes vor dem Giebel der Oper auf. Darauffolgend sind der Hausmannsturm des Schlosses sowie die Hofkirche zu sehen. Im Anschluss an die Friedrich-August-Brücke erstreckt sich die Brühlsche Terrasse mit der Kunstakademie. Darüber thront die Kuppel der Frauenkirche.

Die Albertbrücke. Blick von der linken Elbseite in Richtung Neustädter Ufer.

seinem Vorgänger, wobei die Anzahl der Bögen auf neun verringert und die Breite auf 18 Meter erhöht wurde.

Marienbrücke

Die zweite und älteste erhaltene Elbbrücke Dresdens wurde 1847–52 von Theodor Kunz und Johann Gottlieb Lohse als kombinierte Straßen- und Eisenbahnbrücke erbaut. Mit einer Länge von 434 Metern überspannt sie den Elbstrom auf 13 Pfeilern und verband die beiden Neustädter Bahnhöfe, den Leipziger und den Schlesischen Bahnhof (heute Bahnhof Neustadt) mit dem Böhmischen Bahnhof (später Hauptbahnhof). Als 1901 der Neustädter Bahnhof in Betrieb genommen wurde und damit das Verkehrsaufkommen enorm anstieg, wurde der gesonderte Bau einer Eisenbahnbrücke immer notwendiger. Diese wurde 50 Meter stromab-

oben: Blick von der Brühlschen Terrasse aus stromaufwärts. Im Vordergrund erhebt sich die Kuppel der Kunstakademie mit dem bekrönenden Engel. Im Mittelgrund ist die Carolabrücke zu sehen, an die auf rechtselbischer Seite das Gesamtministerium anschließt. Im Hintergrund führt die Albertbrücke über die Elbe.

links oben: Blick stromabwärts auf die Carolabrücke und die Friedrich-August-Brücke. Dazwischen liegt auf linkselbischer Seite die Brühlsche Terrasse mit dem Ständehaus, daneben der Schlossturm und die Hofkirche. Weiter stromabwärts sieht man die Semperoper und das Fernheizwerk.

links unten: Blick auf den ersten Brückenbogen der Carolabrücke. Auf der rechten Seite ist ein Teil der Semper-Synagoge zu erkennen.

Die Carolabrücke von der linkselbischen Seite der Stadt aus gesehen. Im Vordergrund rahmen die beiden flankierenden Pferde die Brü-ckenzufahrt. Auf der anderen Elbseite erheben sich links und rechts der Brücke die beiden Ministerien.

Das Venezianische Haus an der Carolabrücke. Das im venezianischen Stil mit Vierpässen und Spitzbögen gestaltete Haus war das Einzige seiner Art in Dresden.

Das rechte der beiden Brückenpferde von Friedrich Offermann mit dem Namen „Ruhige Elbe“. Nereide sitzt mit dem Füllhorn in gelassener, eleganter Körperhaltung auf dem Pferd.

Das Pendant zur Nereide auf der linken Seite nennt sich „Die bewegte Elbe“ und zeigt Triton, wie er mit der Keule in der erhobenen Hand auf dem aufgebäumten Pferd über die Wellen reitet. Im Hintergrund ist die Synagoge Sempers zu sehen.

Blick vom Loschwitzer Hang auf das Blaue Wunder.

wärts von Manfred Krüger als Stahlgitterträgerkonstruktion errichtet und noch 1901 eröffnet.

Albertbrücke

Die dritte Brücke über die Elbe wurde in Dresden 1875–77 von Karl Manck als östlichste der Innenstadtbrücken errichtet. Bei einer Länge von 316 Metern umfasst sie vier Strom- und jeweils fünf Uferbögen. Auf der Neustädter Seite steht nahe der Brücke der Bogenschütze, eine 1902 von Ernst Moritz Geyger geschaffene Bronzefigur.

Carolabrücke

Zwischen der Augustus- und der Albertbrücke wurde 1892–95 eine weitere Elbbrücke mit nur zwei Strompfeilern gebaut. Der 500 Meter lange Brückenbau von Hermann Klette und Karl Manck wird auf der linkselbischen Seite der Stadt durch die beiden großen Brückenpferde von Friedrich Offermann flankiert. Nahe der Carolabrücke befand sich an der Elbe das Venezianische Haus, das 1845 von Heinrich Hermann Bothen im Stil der Neugotik errichtet

Das Blaue Wunder vom Schillerplatz aus gesehen. Rechts und links wird die Brücke von historisierenden Fassaden eingerahmt.

wurde und eine Nachbildung des Palazzo Turchi in Venedig darstellte. Diese reizvolle Kuriosität versuchte an den augusteischen Gedanken der Elbe als Canale Grande anzuknüpfen, fiel jedoch dem Bombardement im Februar 1945 zum Opfer und wurde nicht wieder aufgebaut.

Blaues Wunder

Als Verbindung zwischen Blasewitz und Loschwitz bauten Claus Köpcke und Hans Manfred Krüger 1891–93 die Loschwitzer Hängebrücke, die wegen ihres blauen Anstrichs als „Blaues Wunder" bekannt ist. Die imposante Stahlfachwerkkonstruktion ist eine der ersten strompfeilerfreien Brücken und hat eine Länge von über 220 Metern. Die seitlichen Gehbahnen wurden 1935 angefügt.

Durch den Bau der Brücke war Ende des 19. Jahrhunderts auch die Neugestaltung der Dorfkerne von Blasewitz und Loschwitz nötig geworden. Nach 1892 entstanden daher die beiden Platzanlagen des Schillerplatzes auf der Blasewitzer Seite und des Körnerplatzes auf der

Das Konzert-Kaffee „Toskana“, neben dem Schillergarten und der Villa Marie eine weitere stadtbekannte Blasewitzer Gaststätte.

gegenüberliegenden Loschwitzer Seite, welche das „Blaue Wunder“ nun miteinander verband. Die Umgestaltung erfolgte unter der Leitung des Architekten Karl Emil Scherz, der eine Bebauung im historisierenden Stil verwirklichte. Wie die Erker, Giebel, Türmchen und Balkone zeigen, wurden vor allem Elemente der deutschen Renaissance und der Spätgotik verarbeitet. Reste der alten Bebauung finden sich z.B. in der Villa Marie, die heute als Restaurant genutzt wird. Nahe des Blauen Wunders wurde in Loschwitz Ende des 19. Jahrhunderts auch die Standseilbahn zum Weißen Hirsch und die Schwebeseilbahn nach Oberloschwitz gebaut.

Als Überbleibsel der vierflügeligen Anlage des Jägerhofes zeigt der zweigeschossige Westflügel eine schlichte Gestaltung durch Rechteckfenster und einen Volutengiebel am Südende. Drei achteckige Türme sowie ein kleiner rechteckiger Altan sind dem Gebäude seitlich angefügt.

Neustadt

Jägerhof

Die Vierflügelanlage des Jägerhofes entstand nach 1568 im Auftrag des Kurfürsten August von Sachsen auf dem Gelände des abgetragenen Augustiner-Eremitenklosters. Bis 1617 wurde der Anlage ein weiteres Obergeschoss hinzugefügt. Der Jägerhof ist das älteste Baudenkmal der Dresdner Neustadt und ein für Dresden seltenes Beispiel der deutschen Renaissance-Architektur. Nachdem die Anlage in der Zeit zwischen 1830 und 1877 als Kavalleriekaserne genutzt wurde, folgte der Abbruch einzelner Gebäudeteile. In den Westflügel, dem einzigen noch verbleibenden Gebäudeteil, zog 1913 das Museum für Volkskunst ein.

Japanisches Palais

Das ehemalige Holländische Palais, das 1715 von Johann Rudolph Fäsch für den holländischen Gesandten Graf Jakob Heinrich von Flemming errichtet wurde, ging 1717 in königlichen Besitz über. August der Starke hatte das Gebäude ursprünglich für die Hochzeitsfeierlichkeiten seines Sohnes erworben und wollte es im Anschluss daran für die Unterbringung seiner Porzellane nutzen. Er ließ daher den zweigeschossigen, rechteckigen Blockbau mit Mansarddach und dreistöckiger Vorhalle durch Matthäus Daniel Pöppelmann zur Vierflügelanlage erweitern. Bereits 1724 wurde dem Bau ein Mezzaningeschoss aufgesetzt. Johann Friedrich Karcher schuf seit 1718 zwischen Palais und Elbe den französischen Garten mit zahlreichen Skulpturen. Hier entstand auch der Gondelhafen Pöppelmanns und Longuelunes. Von beidem ist nahezu nichts mehr erhalten.

Die Umgestaltung und Erweiterung zum Meißnisch-Japanischen Palais erfolgte von 1728 bis 1737. Nachdem zuerst ein neuer Bau gegenüber dem alten Palais und die Seitenflügel errichtet worden waren, erfolgte ab 1731 der Umbau des Holländischen Palais. Neben Pöppelmann als Oberbauleiter waren Zacharias Longuelune, Johann Christoph Knöffel und Jean de Bodt am Bauwerk beteiligt. Aufgrund der Kollektivarbeit der verschiedenen Baumeister zeigt die Anlage ein Ineinanderfließen barocker und klassizistischer Elemente. Die Chinesen-Hermen im Innenhof und den restlichen Skulpturenschmuck schufen Johann Christian Kirchner und Johann Matthäus Oberschall.

In den achtziger Jahren des 18. Jahrhunderts erfolgte der Umbau des Palais zu Museumszwecken. Der Architrav der Vorhalle trägt die Inschrift: MUSEUM USUI PUBLICO PATENS, was auf den musealen Charakter und die öffentliche Zugänglichkeit des Bauwerks hinweist. Nachdem die Antikensammlung im Japanischen Palais eine neue Bleibe gefunden hatte, wurden die Porzellane zunächst in den Keller verbannt, bevor sie im Johanneum unterkamen. In der ersten Hälfte des 19. Jahrhunderts wurde die Gartenanlage nach Westen erweitert und im englischen Stil gestaltet. 1836 wurden die Antikensäle nach Entwürfen Sempers mit pompejanischen Wandmalereien versehen. Nachdem man die Antiken 1887 ins Albertinum übersiedelte, wurden diese zunächst übermalt und die Räume zu Bibliothekszwecken genutzt. Im Zuge der Unter-

Die zweieinhalbgeschossige barocke Vierflügelanlage mit Walmdächern erhebt sich über rechteckigem Grundriss und wird an den Ecken und Mittelachsen durch dreiachsige Pavillons bzw. Risalite akzentuiert. Barockem Überschwang wird durch klassizistische Stilelemente wie der strengen Lisenengliederung Longuelunes vorgebeugt. Die Eckpavillons zeigen in ihren doppelten, konkav geschwungenen Kupferdächern die Aufnahme asiatischer Formen. Die Schauseite zum Platz hin verfügt über eine risalitartig vorgezogene, offene Pfeilerbogenhalle, über der sich ein Obergeschoss mit Doppelsäulen und Giebelabschluss erhebt. Das Giebelrelief von Benjamin Thomae zeigt die Porzellan herstellenden Völker vor der Saxonia. Seitlich wird es von den Skulpturen Europa und China eingerahmt.

Blick in die Königstraße in Richtung Japanisches Palais.

bringung des Buchmuseums der Sächsischen Landesbibliothek im Erdgeschoss versetzte Hubert Ermisch in der ersten Hälfte des 20. Jahrhunderts die Wände wieder in ihren Ursprungszustand zurück. Das Denkmal König Friedrich August I. wurde von Ernst Rietschel geschaffen und befand sich vor seiner Aufstellung am Palais bis 1929 im Zwingerhof. Der Monarch ist von den vier Personifikationen der Gerechtigkeit, Milde, Weisheit, und Frömmigkeit umgeben.

Unter August dem Starken wurde nach dem Stadtbrand Altendresdens im Jahre 1685 zwischen dem – damals noch Holländischen – Palais und dem Schwarzen Tor (heute Albertplatz) die Königstraße angelegt. Nach Plänen Wolf Caspar von Klengels und unter der Leitung Pöppelmanns wurde sie ab 1722 als barocke Prachtstraße der „Neuen Königstadt" – heute kurz Neustadt genannt – verwirklicht. Ein Baureglement legte einheitliche Gesims-, Trauf- und Firsthöhen sowie die Breite der Häuser, ihre Fassadengestaltung und die Dachformen genauestens fest.

Das Blockhaus am Neustädter Markt ist als quadratischer, fünfachsiger Bau errichtet. Die Rundbogenfenster im Untergeschoss sind zur Marktseite hin als offene Bogenhalle gestaltet, während das darüberliegende Mezzaningeschoss von quadratischen Fenstern durchbrochen ist. Den Abschluss bildet das mittig von Dreiecksgiebeln bekrönte Halbgeschoss Weißbachs. Die Fassade zeigt die klassizistische Lisenengliederung, die Longuelune in die sächsische Barockarchitektur einführte. In der Platzmitte befindet sich der Goldene Reiter mit Blick in Richtung Hauptstraße. Links neben dem Blockhaus verläuft die Brücke zur Altstadtseite Dresdens. Im Hintergrund sind das Schloss und die Hofkirche zu erkennen.

Neustädter Markt

Der Neustädter Markt schließt unmittelbar an den Neustädter Brückenkopf der Augustusbrücke (bzw. Friedrich-August-Brücke) an und wird durch das gewaltige Reiterstandbild in seiner Mitte bestimmt. Östlich des Brückenkopfes, gegenüber dem Blockhaus, stand einst das Wohnhaus von Joseph Fröhlich, dem Hofnarr von August dem Starken und Friedrich August II.

Blick in die mit Linden bepflanzte Hauptstraße vom Blockhaus aus gesehen. Im Vordergrund steht der „Goldene Reiter“ auf dem Neustädter Markt, auf der linken Seite ist das Neustädter Rathaus und dahinter der Turm der Dreikönigskirche zu erkennen.

Blockhaus

Am Neustädter Brückenkopf der Augustusbrücke, in der Achse der Hauptstraße, errichtete Zacharias Longuelune ab 1732 das Blockhaus. Ursprünglich war es als Sockelbau für eine stufenförmige Pyramide geplant, die das Rei-

Nach einem Entwurf von Johann Gottfried Fehre entstand 1750–54 an der Nordwestecke der Hauptstraße das Neustädter Rathaus. Es ersetzte das alte Rathaus aus dem 16. Jahrhundert, welches vom Brand von 1685 zwar verschont geblieben war, 1750 aber trotzdem abgebrochen wurde. Das viergeschossige Rathausgebäude wurde durch eine sparsame Lisenengliederung sowie leicht hervortretende Mittelrisalite mit Dreiecks- bzw. Segmentgiebelbekrönung gestaltet. Die Ladenzone im Erdgeschoss war durch ein kräftiges Gesims von den Obergeschossen getrennt. Der schlanke Dachreiter trug eine Uhr über dem hohen, offenen Geschoss.

terstandbild Augusts tragen sollte. Für die gegenüberliegende östliche Seite der Brücke war ein von Minerva gekröntes Blockhaus vorgesehen, das nie verwirklicht wurde. Angeregt wurden die Pläne Longuelunes durch zwei Zeichnungen Fischer von Erlachs, die zum einen das Mausoleum von Halikarnass, das vierte Weltwunder der Antike und zum anderen den Obelisken des Marc Aurel mit dem Reiterstandbild des Kaisers zeigte.

Nach der Ausführung des Sockelbaus starb Longuelune. Johann Georg Maximilian von Fürstenhoff setzte diesem 1749 ein Mezzaningeschoss auf und schloss den Bau mit einem niedrigen Satteldach ab. Seit 1755 diente er als Neustädter Wache. 1892 setzte Karl Weißbach dem Blockhaus noch ein weiteres Geschoss auf.

Goldener Reiter

1736 wurde auf dem Neustädter Markt das Reiterstandbild enthüllt, das August den Starken in antikischer Tracht auf kurbettierendem Pferd zeigt. Da es sich für den Brückenkopf als zu schwer erwies, hatte man es an dieser Stelle aufgestellt. Nach einem Modell von Jean Joseph Vinache war das Denkmal von Ludwig Wiedemann in Kupfer gefertigt und anschließend feuervergoldet worden. 1884 fertige Konstantin Lipsius nach Zeichnungen Longuelunes den Sockel des Reiterdenkmals. Eine Inschrift ehrt Friedrich August – Schirmherr des Neuaufbaus des abgebrannten Altendresdens – mit den Worten „FRID. AUGUSTUS I. DUX SAXONIAE S.R.I. PRINCEPS ELECTOR ARCHIMARESCHALCUS IDEMQUE REX POLONIAE“ als Kurfürst Sachsens und König von Polen.

Hauptstraße

Im Rahmen des Aufbaus der „Neuen Königstadt“ anstelle des 1685 abgebrannten Stadtteils Altendresden ließ August der Starke zwischen dem Neustädter Markt und dem Schwarzen Tor (später Albertplatz) die Hauptstraße anlegen. Nach Plänen Wolf Caspar von Klengels entstand eine prächtige, 540 Meter lange, zentrale Allee, die sich in Richtung des Schwarzen Tores von 57 auf 38 Meter verjüngte, was eine optische Verlängerung der Straße bewirken sollte. An der Hauptstraße befanden sich neben den barocken Bürgerhäusern wie dem Kügelgen-Haus auch das Rathaus, eine Markthalle, das Societätstheater und die Dreikönigskirche. Im 18. Jahrhundert galt die zentrale Achse der Inneren Neustadt als glanzvollste Straße Dresdens und war gemeinsam mit der Augustusbrücke die Hauptpromenade der Stadt.

Dreikönigskirche

Die Geschichte der Neustädter Pfarrkirche zwischen Königstraße und Hauptstraße reicht bis ins 15. Jahrhundert zurück. Der ursprünglich flachgedeckte gotische Bau mit je einem spitzen Dachreiter auf Langhaus und Chor wurde 1429 durch die Hussiten zerstört. Nach ihrem Wiederaufbau erfolgte Anfang des 16. Jahrhunderts der umfassende Umbau der Kirche, die beim Brand von Altendresden im Jahre 1685 erneut zerstört wurde. Nachdem man begonnen hatte das Gotteshaus auf den Mauerresten des Vorgängerbaus wieder aufzubauen, wurde der unvollendete Bau auf Befehl Augusts des Starken aus städtebaulichen Gründen abgebrochen. Die Kirche befand sich mitten auf der im Zuge des Aufbaus der „Neuen Königstadt" neu ent-

Der rechteckige Bau der Dreikönigskirche ist durch Pilaster gegliedert und mit langen Stichbogenfenstern über dem gequaderten Sockel versehen. Der quadratische Turm im Westen trägt ein offenes Obergeschoss und eine kuppelartige Haube mit einem Obelisken, der von Kugel und Kreuz bekrönt ist. Das Portal der Westfassade stammt noch vom Vorgängerbau und wird von einem Dreiecksgiebel überhöht. Im Inneren der Kirche bilden zehn Pfeiler ein muldenförmig überwölbtes Oval, an das im Osten eine Vorhalle anschließt. Der Haupteingang an der Ostseite wurde ähnlich dem der Westseite durch einen Mittelrisalit mit Doppelpilastern und einen bekrönenden Dreiecksgiebel gestaltet.

Blick auf den Albertplatz in Richtung Hauptstraße mit der Dreikönigskirche. Links und rechts wurden die beiden Brunnenanlagen Diezes, östlich das „Stille Wasser“ und westlich die „Stürmischen Wogen“, aufgestellt. Um Brunnen und Platzanlage zeigt sich eine üppige Begrünung.

Diez-Brunnen am Albertplatz mit dem Alberttheater im Hintergrund. Während bei dem Brunnen „Stille Wasser“ friedliche Meerjungfrauen und Putten am Fuße der gewaltigen Wasserschale platziert sind, zeigt das Pendant kämpfende Tritonen über dem runden Steinbecken.

Das Alberttheater am Albertplatz. Über dem rustizierten, mit Rundbogenfenstern versehenen Untergeschoss schloss das Obergeschoss an, welches ebenso von Rundbogenfenstern durchbrochen war, die teilweise von Dreiecksgiebeln bekrönt wurden. Pilaster, Säulen und Figurennischen gliederten die Fassade. Über dem kräftigen Architrav mit Balustrade erhob sich der große bekrönende Dreiecksgiebel des Zuschauerraumes. Rechts neben dem Theater ist ein Teil der Eschebach-Villa zu erkennen.

stehenden Hauptstraße und versperrte den Blick zum Blockhaus und zum Schwarzen Tor. Das vierte Kirchengebäude entstand daher 200 Meter weiter nördlich und wurde 1732–39 nach Plänen von Matthäus Daniel Pöppelmann und George Bähr durch Johann Georg Schmidt und

Johann Gottfried Fehre errichtet. Im 19. Jahrhundert nahm man dann diverse Veränderungen am Kirchenbau vor. So wurde z.B. eine Empore entfernt, das Satteldach durch ein Mansarddach ersetzt und der neobarocke Turm ausgeführt.

Albertplatz

Nach der Abtragung des Schwarzen Tores legten Gottlob Friedrich Thormeyer und Johann Gottlob Hauptmann um 1817 einen runden Platz an, auf den sternförmig zwölf Straßen wie z.B. die Königstraße und die Hauptstraße mündeten. Der nach König Albert von Sachsen benannte Platz ist der wichtigste Verkehrsknotenpunkt der Inneren Neustadt und galt im 19. Jahrhundert als einer der schönsten Rundplätze Deutschlands. In den siebziger Jahren des 19. Jahrhunderts entstand am Platz das Alberttheater. Der quadratische Bau wurde von Bernhard Schreiber im Stil der Neorenaissance errichtet und diente bis 1913

Der zum Albertplatz hin gerichtete Eingangsbereich des Alberttheaters – nach 1937 als „Theater des Volkes" betrieben – wurde durch einen reich gestalteten Mittelrisalit betont. Mächtige Säulen und Pilaster, seitliche Skulpturen und vegetabiler, plastischer Schmuck verliehen dem Gebäude eine würdevolle Pracht.

Die Villa Eschebach wurde auf quadratischem Grundriss errichtet und verfügt über zwei Obergeschosse auf einem hohen rustizierten Sockel. Das abgewalmte Satteldach wird oben und unten durch eine mit Eckvasen bekrönte Balustrade begrenzt. Die Fassade der Villa wird zum Albertplatz hin durch einen dreiachsigen Mittelrisalit mit Balkon und bekrönendem Segmentbogen betont. Das Giebelfeld zeigt zwei Putten, die eine Kartusche mit den Initialen Eschebachs halten. Der vorgelagerte Altan im Untergeschoss trägt eine Terrasse mit steinerner Balustrade. An das Hauptgebäude schließt ein Galeriebau an.

oben: Blick in die Bautzner Straße. In der Häuserreihe auf der linken Seite ist das 1891/92 eingerichtete Geschäft der Molkerei Pfund zu sehen. Es wurde wegen seiner Ausgestaltung mit farbigen Steingutfliesen bekannt, die verschiedene Bereiche der Milchproduktion darstellen.

links oben: Blick auf den Albertplatz mit dem Artesischen Brunnen vor einem der Geschäfts- und Wohnhäuser des Platzes.

links unten: Das kleine Brunnenhäuschen des Artesischen Brunnens auf dem Albertplatz ist als tempelartiger, offener Rundbau auf acht ionischen Säulen gestaltet. Der Architrav trägt ein geschwungenes Kupferdach mit einem vergoldeten Girlandenflechtwerk als Bekrönung.

Blick vom Altstädter Terrassenufer auf die beiden Ministerialgebäude am Neustädter Elbufer. Links der mächtige Bau des Finanzministeriums, rechts das ebenso gewaltige Bauwerk des Kultus- und Justizministeriums, im Vordergrund die Anlegestelle der Dampfschifffahrt.

als Königliches Schauspielhaus. Die beiden platzbestimmenden, monumentalen Brunnenanlagen entwarf Robert Diez in den Jahren von 1887 bis 1894. Von Diez stammt auch der ursprünglich am Ferdinandplatz, heute an der Weißen Gasse aufgestellte Gänsediebbrunnen. Die 1901 für den Küchenmöbelfabrikanten Karl Eschebach am Albertplatz errichtete neubarocke Villa wurde von einem Architekten aus dem Umkreis von Gustav Frölich entworfen. An der Nordwestecke des Albertplatzes entstand 1929 nach einem Entwurf von Hermann Paulick das erste Hochhaus Dres-

Die Hauptfront des Königlichen Finanzministeriums ist der Brühlschen Terrasse zugewandt und verfügt über einen prächtigen Mittelrisalit, der mit einem Dreiecksgiebel über den vier Kolossalsäulen bekrönt ist und mit einem kuppelartigen Dach abschließt. Im Giebelfeld sind die Saxonia sowie Allegorien der wirtschaftlichen und kulturellen Kräfte Sachsens dargestellt. Seitlich schließen die hervortretenden Flügelbauten an die Hauptfassade an.

dens. Der schmucklose, 40 Meter hohe Stahlbetonskelettbau beherbergte ursprünglich zahlreiche Arztpraxen, weshalb es als „Ärztehaus" bekannt war. Gegenüberliegend befindet sich der nach 1906 von Hans Erlwein errichtete Tempietto des Artesischen Brunnens. Das von Selmar Werner geschaffene, 1913 im Süden des Platzes enthüllte Schiller-Denkmal zeigt den Dichter umgeben von einer Mauer mit Reliefs, die Szenen aus verschiedenen Werken abbilden. Vom Albertplatz verlaufen die Königsbrücker Straße und die Bautzner Straße in die Äußere Neustadt. Neben den historisierenden Villen der ersten Hälfte des 19. Jahrhunderts weisen die beiden Straßen eine geschlossene Gründerzeitbebauung der zweiten Jahrhunderthälfte sowie einige Jugendstilhäuser vom Anfang des 20. Jahrhunderts auf.

Ministerien

Das Finanzministerium wurde in den neunziger Jahren des 19. Jahrhunderts von Otto

Auch das Königliche Kultus- und Justizministerium wurde mit seiner Hauptfront zur Elbe hin ausgerichtet. Besonders hervorgehoben ist der Mitteltrakt des Gebäudes, der umgeben von vier kleineren Türmen einen kronenartigen Aufbau trägt. Ähnlich dem Finanzministerium sind Sockel und erstes Obergeschoss rustiziert. An den Ecken werden die Flügelbauten von turmartigen Risaliten begrenzt.

Der Zirkus Sarrasani am Carolaplatz. Der Rundbau mit Flachkuppel wurde von vier diagonal gestellten, rechteckigen Treppenhäusern umgeben. Über dem als Säulenvorhalle gestalteten Eingangsbau befand sich ein Obergeschoss mit großem Dreiecksgiebel.

Die beiden unteren Geschosse der achtgeschossigen Hauptfassade des Archivgebäudes sind durch ihre Quaderung betont, die darüberliegenden Geschosse durch Kolossalpilaster zusammengefasst. Die seitlich angrenzenden Flügel wurden in ähnlicher Weise gestaltet.

Wanckel und Ottomar Reichelt am Neustädter Elbufer errichtet. Der mächtige viergeschossige Flügelbau umschließt zwei Höfe und ist im Neorenaissancestil gestaltet. Gegenüberliegend entstand Anfang des 20. Jahrhunderts das neobarocke Ministerialgebäude von Edmund Waldow und Heinrich Tscharmann. Ebenfalls viergeschossig gruppiert sich der Bau auch um

Die circa 140 Meter lange Bahnhofshalle des Neustädter Bahnhofs weist eine Stilmischung aus Klassizismus und Jugendstil auf. Der Mitteltrakt wird durch zwei Risalite mit großen Rundbögen, welche als Haupteingänge fungieren, betont. Die dazwischenliegenden Rundbogenfenster werden von Säulen auf hohen Sockeln flankiert, während die schmucklosen Wände der seitlichen Flügel lediglich von Rundbogenfenstern durchbrochen werden.

zwei Höfe und beherbergte zunächst das Kultus- und das Justizministerium.

Zirkus Sarrasani

1912 entstand am Carolaplatz, nahe der Carolabrücke, der runde Steinbau für den Zirkus Sarrasani. Der von der Firma Heilmann und Littmann errichtete, seinerzeit modernste europäische Zirkusbau brannte 1945 aus und wurde später abgerissen.

Hauptstaatsarchiv

1911–15 wurde nach Plänen von Ottomar Reichelt und Heinrich Koch das Staatsarchiv errichtet, das bis dahin im Ballhaus – dem ehemaligen Opernhaus Klengels – und dann im Albertinum untergebracht war. Es beherbergt bis heute Urkunden, Akten und andere Dokumente der sächsischen Landesregierung. Die mehrflügelige Anlage, die keine besonderen Anklänge an alte Baustile zeigt, ist eine der frühen Stahlbetonkonstruktionen und erhebt sich über fünfeckigem Grundriss.

Äussere Neustadt

Neustädter Bahnhof

1837–39 wurde für die erste Fernstrecke Dresden–Leipzig der Leipziger Bahnhof als einer der ältesten Europas erbaut. An eine zentrale Halle mit zwei Rundbögen schlossen sich seitlich offene Pfeilerkollonaden an, die zu je einem zweigeschossigen, quadratischen Wirtschaftsgebäude mit aufgesetztem Halbgeschoss führten. Der Hof vor der Anlage war von

Die einschiffige Martin-Luther-Kirche mit Westturm und kurzem Querhaus endet östlich in einem halbrund geschlossenen Chor. Turm und Chor werden von Treppentürmen flankiert, die ähnlich dem Hauptturm von steilen Pyramidenhelmen bekrönt sind. Die umgebende Bebauung ist im Stil der deutschen Renaissance gestaltet.

schmiedeeisernen Gittern eingefasst. Bereits 1857 erfolgt der bis 1869 fertig gestellte Neubau einer Dreiflügelanlage mit eingeschossigem Mittelbau und höheren Eckpavillons. In unmittelbarer Nähe zum Leipziger Bahnhof war 1847 der Schlesische Bahnhof erbaut worden, zu dem die Bahnstrecken nach Görlitz und Bautzen gehörten.

Um die Jahrhundertwende wurden Leipziger und Schlesischer Bahnhof zusammengelegt und bis 1901 durch das neue Bahnhofsgebäude von Osmar Dürichen ersetzt. Während man den Schlesischen Bahnhof abriss, wurde der Leipziger Bahnhof in einen Güterbahnhof umgebaut.

Martin-Luther-Kirche

Die 1883–87 nach Plänen von Ernst Giese und Bernhard Paul Weidner entstandene Neustädter Kirche ist ein neoromanischer Bau mit frühgotischen Details. Die Kirche befindet sich auf dem gleichnamigen Platz, der in den achtziger und neunziger Jahren des 19. Jahrhunderts in geschlossener Gründerzeitbebauung gestaltet wurde. Die vier- bis fünfgeschossigen Häuser mit nahezu gleichen Geschosshöhen bilden ein einheitliches Ensemble um den Kirchenbau.

Hellerau

Gartenstadt und Festspielhaus

Das heutige Hellerau war zu Beginn des 20. Jahrhunderts der vom Industriellen Karl Schmidt gewählte Standort für seine Werkstätten der Handwerkskunst und die dazugehörige Wohnsiedlung. Die Bebauung der Gegend erfolgte ab 1909 nach Plänen des Architekten und Malers Richard Riemerschmid. So entstanden nach und nach die Fabrik für die Deutschen Werkstätten für Handwerkskunst sowie die Reihenhaus- und Villenviertel der ersten deutschen Gartenstadt. Das angestrebte Ziel war die Verwirklichung vorbildlicher Architektur in schöner Landschaft. Vorbild waren dabei die fortschrittlichen englischen Arbeiterwohnsiedlungen vom Ende des 19. Jahrhunderts.

1910–12 wurde das Festspielhaus von Heinrich Tessenow errichtet, das in seiner Gestaltung den Bauhausstil vorwegnahm. Der Schweizer Tanzpädagoge Emile Jaques-Delcroze entwickelte gemeinsam mit der Tänzerin Mary Wigman den modernen Ausdruckstanz in Hellerau. Durch die militärische Nutzung der Anlage nach 1936 waren die Gebäude dem Verfall preisgegeben. Nach der bereits in den 50er Jahren begonnenen Sanierung ist das Gebäude heute Sitz des Europäischen Zentrums der Künste Dresden.

Das Festspielhaus Hellerau ist als axialsymmetrische Anlage um einen querrechteckigen Platz angelegt. Der große Spitzgiebel über dem mit einer breiten Treppe und einem Pfeilerportikus versehenen Mittelbau ist der Blickfang des Gebäudes. Seitlich schließen niedrige Flügel an, die den Hauptbau mit den eingeschossigen Logierhäusern verbinden.

Loschwitz

Elbschlösser

Die drei Elbschlösser Albrechtsberg, Stockhausen und Eckberg liegen am westlichen Ende von Oberloschwitz und wurden auf dem um 1800 von Lord Jacob von Findlater erworbenen Weinberg errichtet. Dieser hatte sich auf seinem Weinberg ein Landhaus bauen lassen.

Schloss Albrechtsberg

Um die Mitte des 19. Jahrhunderts kaufte die Baronin Ernestine von Stockhausen, die Gattin

Das im Stil italienischer Renaissancevillen errichtete spätklassizistische Schloss Albrechtsberg erhebt sich über rechteckigem Grundriss und ist mit zwei seitlich angefügten quadratischen Türmen versehen. Die elbseitige Hauptfassade wird von einem Mittelrisalit mit zweigeschossigem, dreiseitigem Anbau sowie der bekrönenden, figuren- und vasengeschmückten Balustrade dominiert. Die Hofseite wird durch einen Mittelrisalit mit Portikus und Dreiecksgiebel akzentuiert. Glanzstück der Anlage ist die terrassenartige Gartengestaltung, die an die Villa d'Este in Tivoli erinnert. Zwei übereinanderliegende, durch Treppen miteinander verbundene Terrassen sind mit mehreren Säulenhallen versehen. Die mittlere der drei oberen Säulenhallen ist halbrund geformt und umschließt ein Wasserbecken.

Blick auf die drei Elbschlösser von Oberloschwitz. Ganz links liegt Schloss Albrechtsberg, darauf folgt in der Mitte das Lingnerschloss. Dieser spätklassizistische, zweigeschossige Bau ist auf quadratischem Grundriss errichtet und an der Eingangsseite mit einem Säulenvorbau ausgestattet, der von zwei polygonalen Ecktürmen flankiert wird. Auffällig ist auch die abschließende Attika mit Kranzgesims und Balustrade. Die Gliederung der Wand erfolgt durch Säulen, Pilaster und Dreiecksgiebel. An der Elbseite ist dem Schlossbau zwischen den beiden Eckrisaliten eine zweigeschossige, dreiachsige Veranda vorgelagert. Zu beiden Seiten des Hauptbaus schließt sich eine lange Säulengalerie an, die jeweils zu einem Pavillon führt. Unterhalb der breiten Terrasse führen symmetrische Weinbergterrassen zur Elbe hinab. Rechts neben dem Lingnerschloss zeigt sich Schloss Eckberg als spätromantische Villa mit Zinnenkranz, drei Türmen und reicher Gliederung durch Erker, Balkone und Balustraden.

des Kammerherrn von Prinz Albrecht von Preußen, das Land für den Prinzen. Bis 1854 erbaute Adolf Lohse, ein Schüler Schinkels, für Prinz Albrecht auf dem Gelände das erste der drei Elbschlösser und bezog das Findlatersche Palais in den Neubau mit ein. Des Weiteren entstand ein zweigeschossiges Wirtschaftsgebäude, ein Gärtnerhaus und zwei zweigeschossige, hakenförmige Torhäuser mit Pfeilervorhallen. Seit 1925 ist das Schloss im Besitz der Stadt Dresden.

Lingnerschloss

Ebenfalls von Adolf Lohse wurde bis 1853 für den Hofmarschall und Kammerherrn des

Prinzen Albrecht, den Baron von Stockhausen, in unmittelbarer Nähe zum Schloss eine Villa errichtet. Da sie sich seit 1906 im Besitz des Industriellen Karl August Ferdinand Lingner – dem *Odol*-Fabrikanten und Begründer des Hygienemuseums – befand, der seine Villa als „Schloss" bezeichnete, ist das mittlere der drei Elbschlösser besser als Lingner-Schloss bekannt. Nachdem Lingner das Innere von Wilhelm Kreis umgestalten ließ, wurde die Anlage nach seinem Tod 1916 der Stadt Dresden überlassen.

Auf dem das Schloss umgebenden Gelände, auf dem sich bereits ein mehrgeschossiges Wirtschaftsgebäude und ein Torhaus mit Pilastergliederung befanden, wurde von Hans Poelzig zu Ehren Lingners ein ovaler, von Halbsäulen umstellter Mausoleumsbau errichtet.

Schloss Eckberg

Die 1859–61 nach Plänen von Christian Friedrich Arnold für den Großkaufmann John Daniel Souchay entstandene Villa wird aufgrund ihrer Lage am Ende des Berghanges Schloss Eckberg genannt. Das Schloss wurde im neogotischen Burgenstil der Spätromantik errichtet. Als Vorbild diente hier die altenglische Tudor-Gotik des 16. Jahrhunderts. Der langgestreckte Komplex erhebt sich über einem unregelmäßigen Grundriss und zeigt eine vielgestaltige, auf einen Blick nicht zu erfassende Gestaltung. Auf dem Grundstück wurden seinerzeit weitere Nebengebäude wie das Pförtnerhaus, das Stallgebäude und die Gewächshäuser im gotisierenden Stil gebaut.

Pillnitz

Schloss und Park Pillnitz

Die alte Schlossanlage Pillnitz umfasste ursprünglich einen im Stil der Spätrenaissance gestalteten Vierflügelbau, der sich an der Stelle des späteren Neuen Palais befand. Das dazugehörige Lusthaus lag im Bereich des Mittelteils des heutigen Wasserpalais. Des weiteren existierte ein Lustgarten und eine Schlosskapelle. Ende des 17. Jahrhunderts erwarb Kurfürst Johann Georg IV. von Sachsen im Tausch gegen Lichtenwalde das im Besitz der Familie Bünau befindliche Renaissanceschloss und übereignete es seiner Mätresse Sybille von Neidschütz. Nach dem frühen Tod des Kurfürsten und seiner Geliebten kaufte Kurfürst Friedrich August I. das Schloss zurück und schenkte es 1707 seiner Mätresse, der Gräfin Cosel, welche die Heckenquartiere anlegen ließ. Als die Cosel jedoch in Ungnade fiel und auf die Burg Stolpen verbannt wurde ging das Schloss durch Enteignung wieder in den Besitz August des Starken über.

Das Berg-Palais des Schloss Pillnitz. Imposant sind vor allem die geschwungenen Dächer und die chinoisen Malereien in den breiten Hohlkehlen sowie der vorgelagerte Säulenportikus.

Nach Plänen von Matthäus Daniel Pöppelmann und Zacharias Longuelune, der die frühklassizistischen Elemente einbrachte, begann ab 1720 die barocke Umgestaltung des Schlosses. Auch wenn das von August geplante gewaltige Barockschloss nie verwirklicht wurde, entstand in Pillnitz eine der großartigsten barocken Schloss- und Parkanlagen Europas. Ab 1720 wurde zunächst das Wasserpalais errichtet, was den Abriss des alten Lusthauses erforderte. Die drei einzeln errichteten Pavillonbauten wurden im Zuge der voranschreitenden Arbeiten durch niedrige Gänge miteinander verbunden. Ausgehend vom Obergeschoss des Mittelbaus errichtete man eine geschwungene, doppelläufige Treppe, die zum Uferweg hinabführte und durch eine zweite Treppenanlage bis zur Gondelanlegestelle an der Elbe fortgesetzt wurde. Auf den Mauerpfeilern wurden zwei mächtige Sphingen aufgestellt. Gegenüber dem Wasserpalais entstand 1723/24 das Bergpalais als symmetrisch gestaltetes Spiegelbild. Zwischen den beiden Palais erstreckte sich nun der Lustgarten, in dem man Beete um vier zentrale Wasserbecken mit Fontänen anlegte. Östlich lag zwischen beiden Gebäuden das alte Renaissanceschloss. Dem Bau von Longuelunes Venustempel fiel 1723 die alte Schlosskapelle zum Opfer. Pöppelmann errichtete 1725 die Weinbergkirche am Hang des Borsberges als neuen Kirchenbau. Im gleichen Jahr wurde auch die breite Kastanienallee in Richtung Dresden angelegt und das Ringrenngebäude (später Orangerie) errichtet.

Kurfürst Friedrich August III. erkor Pillnitz schließlich zur Sommerresidenz aus und ließ den englischen Garten anlegen sowie den Englischen Pavillon nach einem Entwurf von Christian Traugott Weinlig und Johann Daniel Schade erbauen. Als Vorbild diente der Tempietto Bramantes in Rom. Anstelle der mittelalterlichen Burg schuf Schade eine gotische Ruine. Nachdem man den Holländischen Garten angelegt hatte, fügte Christian Friedrich Exner nach Entwürfen von Schade und Weinlig 1788–91 die halbrunden Galerien und die doppelgeschossigen Seitenflügel an Berg- und Wasserpalais an. Außerdem wurden beim Wasserpalais die Verbindungsgänge zwischen den Pavillons und dem Mittelbau aufgestockt, was beim Bergpalais schon früher geschehen war. 1804 entstand der Chinesische Garten mit dem Chinesischen Pavillon von Christian Friedrich Schuricht.

Dieser schuf auch das Neue Palais, das 1818–1826 nach dem Brand des alten Renaissanceschlosses errichtet und durch viertelkreisförmige Galerien mit Berg- und Wasserpalais verbunden wurde. Bei der Gestaltung des Neubaus wurde der Übergang vom Barock zum Klassizismus vollzogen, der sich bereits in den Flügelbauten der Palais angedeutet hatte. Der ungegliederten, lediglich von Rundbogenfenstern durchbrochenen Wand sind im Mitteltrakt Säulen vorgelagert. Besonderer Akzent des Gebäudes ist der zentrale Dachreiter mit Uhr. Durch die geschwungenen, chinoisen Dächer ist der Bau an die beiden Palais angepasst. Seit 1963 befindet sich im Berg- und Wasserpalais das Museum für Kunsthandwerk. Umfassende Restaurierungen der Palaisgebäude und der anderen Bauten im Schlosspark erfolgen seit Anfang der neunziger Jahre.

Dresden bei Nacht

Dresden heute – Linke Elbseite

Rathaus
Beim Wiederaufbau nach 1945 wurden die Fassaden des Rathauses in stark vereinfachter Form und die Dächer ohne Dachreiter wieder hergestellt. Auch Bacchus und Rathausmann erhielten nach Kriegsende ihren ursprünglichen Platz zurück. Letzterer wurde von 2004 an umfassend saniert und 2006 wieder auf dem Dach positioniert.

Altmarkt

In der Bombennacht von 1945 wurde der Altmarkt völlig zerstört, die ausgebrannten Gebäude anschließend abgetragen und die Germania entfernt. Nachdem man tausende Bombenopfer auf großen Scheiterhaufen aufgeschichtet und verbrannt hatte, begann die Trümmerberäumung, die ein großes leeres Feld hinterließ. In den fünfziger und sechziger Jahren erfolgte die Neubebauung des flächenmäßig stark vergrößerten Altmarktes mit neuen Wohn- und Geschäftshäusern. Die Fläche des nun als Fest- und Demonstrationsplatz vorgesehenen Altmarktes wurde dabei im Vergleich zur ursprünglichen Größe mehr als verdoppelt. Dies hatte auch zur Folge, das die Kreuzkirche, die bis 1955 äußerlich wieder hergestellt wurde, nun an die östliche Platzseite rückte. Die Innenausstattung der Kirche ging 1945 verloren. Nach Entwürfen von Johannes Rascher, Herbert Schneider und anderen Architekten entstanden an Ost- und Westseite des Platzes die langgestreckten Fassaden mit den Arkadengängen im Erdgeschoss und den mächtigen Kopfbauten. Bei der Fassadengestaltung, den Erkern, Giebeln, Reliefs, Arkaden, Pilastern und Lisenen wurde in gewisser Weise an die Dresdner Bautradition angeknüpft. Ähnlich der Vorkriegszeit wurden in den unteren Geschossen Läden und Restaurants eingerichtet, während die darüberliegenden Stockwerke zu Wohnzwecken dienen. Bis 1969 wird nach Plänen von Wolfgang Hänsch, Herbert Löschau und anderen Architekten der Flachbau des Kulturpalastes errichtet, der seither die Nordseite des Altmarktes schließt. Das Gebäude ist in Stahlbetonskelettbauweise gebaut und über dem Sockelgeschoss aus rotem Granit erhebt sich das verglaste Obergeschoss. Der Bau beherbergt einen Mehrzwecksaal für Kultur- und Festveranstaltungen, ein Studiotheater sowie Tagungs- und Seminarräume. Ende der neunziger Jahre wurde mit der Bebauung der Südseite des Altmarktes mit modernen Waren- und Bürohäusern begonnen, was den Platz allmählich wieder im Sinne seiner ursprünglichen Größe verkleinert. Bekannt ist der Dresdner Altmarkt vor allem durch den alljährlichen Striezelmarkt, Deutschlands ältesten Weihnachtsmarkt, der hier seit dem 15. Jahrhundert veranstaltet wird. 2002 eröffnete die hinter der westlichen Bebauung des Platzes errichtete Altmarktgalerie, ein Einkaufskomplex mit über hundert Fachgeschäften auf vier Ebenen.

Gewandhaus

Nach den Bombenangriffen von 1945 war vom Gewandhaus nur eine Ruine übrig geblieben. Nachdem man den Bau bis 1967 äußerlich originalgetreu wieder aufgebaut hatte, richtete man darin ein Hotel ein. An der Rückseite wurde der Brunnen des zerstörten Dinglingerhauses angebracht. Nach der Modernisierung in den neunziger Jahren beherbergt es sogar ein 5-Sterne-Hotel.

Prager Straße

Nach der Zerstörung der Stadt im Februar 1945 wurde die Prager Straße vollständig abgebrochen und in den sechziger und siebziger Jahren nach Plänen von Peter Sniegon, Kurt Röthig und Hans Konrad im sozialistischen Sinne wieder aufgebaut. An der Westseite der breiten Fußgängerzone entstanden drei zwölfgeschossige Hotels, die man mittels zweigeschossiger Bauten, die Geschäfte beherbergen, miteinander verband. Diese wurden inzwischen erhöht bzw. durch mehrstöckige Neubauten ersetzt. An der gegenüberliegenden Seite wurde anschließend an das Hochhaus des Hotel Newa (heute Mercure Newa) ein langgestreckter Wohnblock mit Ladenzone im Erdgeschoss erbaut, hinter dem man (zur St.-Petersburger-Straße hin) Ende der Neunziger das neue Kino (UFA-Kristallpalast), einen umstrittenen Glas-Beton-Bau, errichtete. Den Zwischenraum der Fußgängerzone füllen die Becken mit Wasserspielen – besonders imposant der Pusteblumenbrunnen – und weitere moderne Geschäftshäuser. Ungefähr in der Hälfte der Prager Straße befindet sich die monumentale Plastik „Völkerfreundschaft" aus dem Jahr 1986. Auf der Ostseite folgt das Anfang der Siebziger errichtete Rundkino sowie weitere Kaufhausneubauten der neunziger Jahre. Gegenüber befand sich bis zu seinem Abriss im Jahr 2007 das 1973–78 errichtete ehemalige Centrum-Warenhaus (später Karstadt). Den kompakten Kaufhausbau mit seiner imposanten fensterlosen, wabenartig gestalteten Aluminiumfassade hat man durch einen modernen Neubau ersetzt, in den Teile der alten Wabenfassade integriert wurden.

Hauptbahnhof/ Wiener Platz

Der Dresdner Hauptbahnhof wurde nach den Zerstörungen des Zweiten Weltkrieges schnell und in vereinfachter Form wieder hergerichtet. Aufgrund der verheerenden Hochwasserschäden der großen Flut des Jahres 2002, bei der die Weißeritz durch das Bahnhofsgebäude strömte, erfolgte bis 2011 eine Komplettsanierung. Der Wiener Platz war zu DDR-Zeiten eine nahezu leere Fläche auf der das Lenin-Denkmal aufgestellt war. 2002 wurde am Nordrand, in Richtung Prager Straße, das erste Geschäftshaus fertig gestellt. Darauf folgte das nach den Plänen des Architekten Siegbert Langner von Hatzfeldt gegenüber dem Nordeingang des Hauptbahnhofs errichtete und 2005 eröffnete Kugelhaus. Mit seinen zahlreichen Geschäften und Restaurants dient es als Einkaufszentrum und orientiert sich mit Ausnahme der Seitenflügel an dem früheren, 1938 zerstörten Kugelhaus am Großen Garten. Hinter dem Ku-

gelhaus soll bis 2016 die Staatsoperette (derzeit in Leuben) neu errichtet werden. Den Abschluss des Platzes zur St.-Petersburger-Straße hin bildet heute die sogenannte Prager Spitze, ein kuchenstückähnliches modernes Glasgebäude.

Russisch-orthodoxe Kirche
Nach den Beschädigungen während des Luftangriffes 1945 wurde die formenreiche, farbenfrohe Kirche bis 1952 wieder hergestellt und in den Neunzigern restauriert.

Theaterplatz

Der Theaterplatz wurde nach den Kriegszerstörungen in seiner ursprünglichen Gestalt – von einem Bauwerk abgesehen – wieder hergerichtet. Erlweins Italienisches Dörfchen und die Wache Schinkels konnten bereits in den fünfziger Jahren wieder hergestellt werden – letztere dient seit Mitte der achtziger Jahre als Theaterkasse und Café. Die Semperoper wurde in langjähriger Arbeit wieder aufgebaut, außen wie innen detailgetreu rekonstruiert und an der Rückseite mit einem modernen Funktionsbau

versehen. 1985 fand die feierliche Wiedereröffnung des Opernhauses statt. Eine Zeit lang diente das Italienische Dörfchen als Versorgungsstätte der Bauarbeiter von Schloss und Hofkirche und verfiel zunehmend. Nach umfassender Sanierung in den neunziger Jahren, im Zuge derer auch die historische Ausmalung wieder hergestellt wurde, konnte es jedoch in neuem Glanz wiedereröffnet werden. Lediglich die ausgebrannte ehemalige Calberlasche Zuckersiederei (Hotel Bellevue) wurde nicht wieder errichtet, sondern 1950 abgetragen.

Kathedrale St. Trinitatis
Nachdem schon 1945 erste Sicherungsmaßnahmen an der ausgebrannten und stark beschädigten Hofkirche vorgenommen wurden, begann bereits 1946 der Wiederaufbau. Auch wenn der Rohbau bis Mitte der fünfziger Jahre fertig gestellt werden konnte, dauerte die gesamte Rekonstruktion des Bauwerks noch bis 1987 an. Die bei der Zerstörung zum Teil verloren gegangenen Figuren Mattiellis wurden durch Kopien ersetzt. Die Silbermann-Orgel überlebte die Bombennacht an einem Auslagerungsort und erklang 1971 wieder. Ein päpstliches Dekret ernannte die Katholische Hofkirche im Jahr 1980 zur Kathedrale St. Trinitatis des Bistums Dresden-Meißen.

Ehemaliger Städtischer Speicher

Nachdem die Pläne zur Unterbringung der Landesbibliothek in dem 1945 teilweise ausgebrannten Erlweinspeicher fehlschlugen, begann ab November 2004 der Umbau des Speichers zum Maritim-Kongress-Hotel.

Während der Neubau des Internationalen Congress Center Dresden (ICCD) nebenan bereits im Mai 2004 fertig gestellt wurde, eröffnete das Hotel erst im Mai 2006.

Residenzschloss
Die Bombenangriffe im Februar 1945 ließen vom Dresdner Schloss und den umliegenden Bauten nur Ruinen zurück. Die Kunstschätze waren zwar ausgelagert worden, doch der größte Teil der kostbaren Ausstattung der vielen Säle und Prunkgemächer ging für immer verloren. Lediglich einzelne Säle und Teile des Grünen Gewölbes waren von der totalen Zerstörung verschont geblieben und gehören zu den letzten Zeugnissen barocker Innenarchitektur in Dresden. Aufgrund der fehlenden finanziellen Mittel konnten zunächst nur Sicherungsmaßnahmen und geringfügige Wiederherstellungsarbeiten an Hausmannsturm

und Stallhof durchgeführt werden. Das Georgentor wurde zwischen 1963 und 1966 wieder aufgebaut. In das Johanneum war parallel zu seiner Wiederherstellung schon in den fünfziger Jahren das Verkehrsmuseum eingezogen. Die Arbeiten am Außenbau konnten 1968 abgeschlossen werden. Eine erste Restaurierung von Teilen der Ausmalung des Großen Schlosshofes und des Stallhofes fand in den siebziger Jahren statt. Die Sgraffito-Malereien hatten auch vor 1945 schon nicht mehr bestanden und wurden nach historischen Stichen rekonstruiert. Der Fürstenzug überstand die Bombenangriffe relativ glimpflich. Das Porzellan löste sich auch im Feuersturm nicht von der Wand. Eine umfassende Restaurierung des Wandbildes fand 1978/79 statt. Die Rekonstruktion von Langem Gang und Stallhof konnte bis 1984 abgeschlossen werden. Der eigentliche Wiederaufbau des Schlosses erfolgte ab 1986 und nach 1990 setzte eine besonders rege Bautätigkeit ein. Der Hausmannsturm erhielt 1991 seine Haube und die Außenfassaden ihre Neorenaissance-Gestaltung von 1901 zurück. Einige der Prunkzimmer und Säle wurden anhand historischer Zeichnungen originalgetreu wieder hergestellt. Grünes Gewölbe, Münz- und Kupferstichkabinett sind inzwischen an ihren Ursprungsort zurückgekehrt. Des Weiteren befinden sich Rüstkammer und Kunstbibliothek in den historischen Räumlichkeiten.

Zwinger

Die bauliche Wiederherstellung des 1945 stark zerstörten Zwingers begann noch im gleichen Jahr durch Hubert Georg Ermisch, der die vor dem Krieg durchgeführte Restauration geleitet hatte. Seine Nachfolger

bei der Wiederherstellung des Bauwerkes bis 1964 waren Max Zimmermann und Arthur Frenzel. Ende der fünfziger Jahre wurde die Rüstkammer im Zwinger untergebracht, die sich heute jedoch wieder im Residenzschloss befindet. 1962 wurden die Porzellane, die am Auslagerungsort den Krieg unbeschadet überstanden

hatten, in den Zwinger überführt. Das Kronentor wurde 1989/90 erneut restauriert und erstrahlt seither in neuem Glanz. Der Ostflügel der Gemäldegalerie war schon 1956 zur 750-Jahr-Feier wiedereröffnet worden, während der Westflügel bis 1960 rekonstruiert wurde.

Taschenbergpalais

Vom Taschenbergpalais waren nach den Bombenangriffen nur noch Mauerreste übrig geblieben, die jahrzehntelang unverändert so stehen blieben. 1993 begann die Rekonstruktion des Bauwerkes und des Innenhofes, die innerhalb von zwei Jahren abgeschlossen werden konnte. Nach den ursprünglichen Plänen Pöppelmanns erhielt das Gebäude hohe Mansarddächer anstatt der Satteldächer, die das Gebäude vor 1945 trug. Auch das Wappen, das man Mitte des 19. Jahrhunderts auf den Mittelrisalit gesetzt hatte, wurde wieder auf dem Westflügel angebracht und die Eckausrundungen an den Innenseiten der Flügelbauten nur noch bis in das zweite Obergeschoss geführt und durch Balustraden abgeschlossen. Im März 1995 eröffnete das Taschenbergpalais als 5-Sterne-Hotel Kempinski.

Postplatz

Am Postplatz wurden nach den Zerstörungen des Jahres 1945 nur das Schauspielhaus, das schon 1948 seine Türen wieder öffnete und das dahinterliegende Stadthaus wieder hergestellt. Die ausgebrannte Sophienkirche wurde 1962 abgebrochen. An ihrer Stelle befindet sich heute der moderne Glasbau von Busmann's Brasil. Die beliebten gastronomischen Einrichtungen des Postplatzes, wie Stadtcafé und Stadtwaldschlösschen, wurden zu DDR-Zeiten durch das Selbstbedienungsrestaurant ersetzt, das im Volksmund „Fresswürfel" genannt wird. Die vom Postplatz ausgehende Wilsdruffer Straße verbreiterte man in den fünfziger Jahren gemeinsam mit der vom Altmarkt zum Pirnaischen Platz verlaufenden König-Johann-Straße – nach 1945 nur Johannstraße genannt – zu einer über 50 Meter breiten Magistrale und benannte sie nach Ernst Thälmann. Anfang der neunziger Jahre wurde die Straße in Wilsdruffer Straße rück- bzw. umbenannt. 2005–2008 wurden Postplatz und westlicher Teil der Wilsdruffer Straße erneut umgestaltet. Die futuristische Haltestellengestaltung an der südöstlichen Seite des Platzes mit dem sogenannten Schmetterling und dem damit verbundenen Monolith ist umstritten. Zentraler Blickfang ist der „Waterscreen" von Rainer Splitt, ein 4 x 12 m großer dunkelroter Rahmen um ein Wasserspiel. Das ehemalige Wartehäuschen in der Platzmitte diente mit Unterbrechungen in den Jahren 1994–2013 als Servicepunkt der Dresdner Verkehrsbetriebe, beherbergt heute ein Café und ist auf dem Platz das einzige Relikt aus der Zeit vor 1945.

Pirnaischer Platz

Das imposanteste Gebäude des Pirnaischen Platzes, der Kaiser-Palast, brannte 1945 aus und wurde später gemeinsam mit den anderen Gebäuden abgebrochen. Heute ist der relativ leere Platz Kreuzungspunkt mehrerer Nord-Süd- sowie West-Ost-Straßenbahnlinien und wird von einem mehrspurigen Straßennetz bestimmt. Interessantestes Gebäude nahe des Prinaischen Platzes ist das 1770–76 von Friedrich August Krubsacius errichtete Landaus. Nach dem circa dreijährigen Wiederaufbau des 1945 ausgebrannten Gebäudes zog 1966 das Stadtmuseum in den ehemaligen Verwaltungsbau ein. Blickfang der viergeschossigen Front zur Landhausstraße ist der durch dorische Säulen gebildete Mittelrisalit mit bekrönendem Balkon und Dreiecksgiebel. Krubsacius schuf hier die erste frühklassizistische Fassade mit Säulenordnungen in Dresden. Anfang 2005 wurde dem Bau an seiner Ostseite eine Fluchttreppe angefügt. Die offene Stahlkonstruktion ist architektonisch umstritten. Im Juli 2005 eröffnete die Städtische Galerie im Landhaus.

Polizeipräsidium

Die ehemalige Königlich-Sächsische Polizeidirektion hat seine Funktion behalten und ist heute das Polizeipräsidium. 1976–83 entstand an der Rückseite des massiven Bauwerkes auf der Fläche der zerstörten Bürgerhäuser des Neumarktes ein siebengeschossiger moderner Anbau, der jedoch im Zuge des Wiederaufbaus des Neumarktes inzwischen wieder abgerissen wurde.

Synagoge
Im November 2001 wird nach dreijähriger Bauzeit die neue Synagoge an der Carolabrücke eingeweiht. Der Bau wurde nach einem Entwurf des Büros Wandel, Hoefer und Lorch aus Saarbrücken zusammen mit Nikolaus Hirsch aus Frankfurt am Main ausgeführt. Die beiden sandsteinfarben verkleideten, blockhaften Gebäude stehen ungefähr an der Stelle der 1938 durch die Nationalsozialisten zerstörten Sempersynagoge. Einziges Originalteil des alten Gebäudes ist der Davidstern im Eingangsbereich.

Brühlsche Terrasse

Die Brühlsche Terrasse wurde nach 1945, abgesehen vom vierten Belvedere, welches abgetragen wurde, in jahrzehntelanger Arbeit detailgetreu wieder hergestellt. Nachdem man das ehemalige Ständehaus teilweise rekonstruiert hatte, zogen zeitweise das Institut für Denkmalpflege, die Deutsche Fotothek, das Museum für Mineralogie und Geologie sowie das Museum für Tierkunde im Gebäude ein. Bis 1993 war das Bauwerk äußerlich originalgetreu wiedererrichtet worden und noch bis 2001 sanierte man die Innenräume. Heute ist hier das Oberlandesgericht Dresden untergebracht. Das davor befindliche Reiterstandbild König Alberts wurde 1952 abgebrochen. Die ehemalige Sekundogenitur wird nach ihrem Wiederaufbau seit 1964 zu gastronomischen Zwecken genutzt und ist Teil des Ende der achtziger Jahre ursprünglich als Hotel „Dresdner Hof" errichteten Hilton Hotels. Die rekonstruierten Akademiegebäude waren nach der Zusammenlegung der Akademie der Bildenden Künste mit der Staatlichen Hochschule für Werkkunst – Nachfolger der Königlich-Sächsischen Kunstgewerbeschule – zur Hochschule für Bil-

dende Künste im Jahre 1950 eine der drei Niederlassungen der „HfBK". Die Sieben-Bastionen-Plastik zwischen Kunstakademie und Sekundogenitur wurde 1990 von Vincenz Wanitschke gefertigt und erinnert an die ehemals sieben Bastionen der Stadtbefestigung. Nach der Wiederherstellung des Albertinums zogen in den sechziger Jahren unter anderem die Gemäldegalerie Neue Meister und die Skulpturensammlung in den Bau ein, der wegen des Elbehochwassers 2002 in den Jahren nach 2006 umfassend saniert und im Juni 2010 wiedereröffnet werden konnte. Nach der Wiederherstellung des Schlosses kam das zeitweilig auch im Albertinum untergebrachte Grüne Gewölbe bereits 2004/06 wieder an seinen ursprünglichen Platz.

Neumarkt

Die Platzbebauung des Neumarktes mit ihren Bürgerhäusern des 16. bis 18. Jahrhunderts wurde in der Bombennacht des Februar 1945 völlig zerstört. Lediglich das Johanneum am Jüdenhof wurde in den fünfziger und sechziger Jahren wieder aufgebaut, der Neumarkt hingegen blieb jahrzehntelang unbebaut. Nach kontroversen Diskussionen wurde 2003 schließlich mit den Sanierungsarbeiten begonnen, die derzeit noch andauern. Die „Gesellschaft Historischer Neumarkt Dresden e.V." (GHND) tritt dabei für eine möglichst vollständige Wiederherstellung des Platzes ein. Die neuen Gebäude werden äußerlich im historischen Sinne wiedererrichtet und durch moderne Bauten ergänzt. Der in den Achtzigern entstandene Erweiterungsbau des Polizeipräsidiums musste dem Wiederaufbau weichen. Im September 2004 wurde das Luther-Denkmal wieder aufgestellt.

Frauenkirche

Die Kuppel der 1945 völlig ausgebrannten Frauenkirche stürzte zwei Tage nach der Bombennacht vom 13. zum 14. Februar ein und hinterließ eine Ruine, die jahrzehntelang als Mahnmal des Krieges galt. Erhalten geblieben waren lediglich Teile der Katakomben und der Umfassungsmauern der Erdgeschosszone, der Chorraum und die Außenwand des nordwestlichen Treppenturmes bis zum Hauptgesims. Seit 1989 wurde der zunächst äußerst umstrittene Wiederaufbau der Frauenkirche durch eine Bürgerinitiative propagiert. Anfang der Neunziger stimmte schließlich die Synode der Evangelisch-Lutherischen Landeskirche und die Dresdner Stadtverordnetenversammlung dem Wiederaufbau zu. Bei der archäologischen Enttrümmerung von 1993/94 wurden tausende wiederverwendbare Steine geborgen, fotografiert, nummeriert und in langen Regalen aufgeschichtet. Sie wurden beim Wiederaufbau verwendet und machen circa ein Drittel der Kirche aus. In Deutschland, aber auch weltweit, wurden zahlreiche Fördervereine gegründet, die große Summen an Spendengeldern zur Verfügung stellten. Im Mai 1994 begann der Wiederaufbau und am 30.10.2005 wurde die Kirche nach über zehn Jahren Bauzeit geweiht. Das Äußere des gewaltigen Baukörpers wird durch den Wechsel der dunklen Originalsteine mit dem frisch gebrochenen, hellen Sandstein bestimmt. Die barocke Innengestaltung wurde, abgesehen von der modernen Orgel, so detailgetreu wie möglich rekonstruiert.

Coselpalais

Die Seitenflügel des 1945 zerstörten Coselpalais wurden in den siebziger Jahren wieder hergestellt, während man das Hauptgebäude erst im Jahr 2000 fertig stellen konnte. Das Innere wurde zum Teil modern hergerichtet. Heute dient das Palais als Café und Gaststätte.

Großer Garten

Das Äußere des schwer beschädigten Palais im Großen Garten wurde ab 1954 wieder hergestellt. 1968 vollendete man die Arbeiten am Außenbau, während die verloren gegangene Innenausstattung der Räume, die prachtvollen Deckengemälde und Stuckaturen, erst 1990 rekonstruiert wurden. Nur fünf der acht zerstörten Kavalierhäuser und keines der anderen Gebäude im Umfeld des Palais baute man wieder auf. Vom Carolaschlösschen, das Ende der Neunziger allerdings umfassend saniert wurde, hatte man nur das Erdgeschoss wieder aufgebaut. Sein Obergeschoss erhielt das schön gelegene Restaurant erst durch den Ausbau von 2004. Die Torhäuser wurden abgerissen. Die Neugestaltung des Gartens erfolgte durch Kurt Girt. Auch Ausstellungspalast und Planetarium fielen der Bombennacht zum Opfer und wurden abgebrochen. Anstelle des Ausstellungspalastes errichtete man 1969 zunächst einfache Messehallen. Heute befindet sich hier die 2002 eröffnete Gläserne Manufaktur von VW. Ein neues Kugelhaus entstand 2005 auf dem Wiener Platz. Der in bescheidenem Maße wieder hergerichtete, durch den Krieg samt Pflanzen und Tieren nahezu völlig zerstörte Zoologische Garten wurde schon 1946 wiedereröffnet, aber erst in den Folgejahren langsam wieder aufgebaut. Vor allem 1950 bis 1970 kamen zahlreiche neue Anlagen hinzu.

Elbbrücken

Die Friedrich-August-Brücke war 1945 von der SS teilgesprengt worden, wurde aber bis 1949 im Zustand von 1910 rekonstruiert. Zu DDR-Zeiten hieß sie „Georgi-Dimitroff-Brücke", heute aber wieder Augustusbrücke. Die 1945 beschädigte Marienbrücke wurde schon im Dezember 1946 wieder in Betrieb genommen. Die teilweise zerstörte Albertbrücke war ebenso schon 1946 wieder aufgebaut worden und erhielt zunächst den Namen „Brücke der Einheit". Seit 1990 trägt sie jedoch wieder ihren ursprünglichen Namen. Aufgrund irreparabler Kriegsschäden entschied man sich bei der Carolabrücke zu einem modernen Neubau. Sie war die einzige nach 1945 neu gestaltete Brücke der Innenstadt. 1967–1971 errichteten Eckhart Thürmer, Rolf Berger und Michael Franke die heutige Spannbetonbrücke und trennten mittels zweier separater Brückenbauwerke den Straßenbahn- vom Autoverkehr. Bis 1990 hieß die heutige Carolabrücke „Dr.-Rudolf-Friedrichs-

Brücke". Mit 375 Metern war sie die längste Spannbetonkonstruktion der DDR. Von der alten Brücke waren nur die beiden Reiterplastiken erhalten geblieben. Unter Einsatz ihres Lebens verhinderten 1945 der Klempnermeister Erich Stöckel und der Telegrafenarbeiter Paul Zickler die von der SS geplante Zerstörung des „Blauen Wunders", indem sie unabhängig voneinander die Zündschnüre der Sprengladungen zerschnitten und so das Bauwerk für die Nachwelt retteten. Ergänzt wird das Brückenensemble nun noch durch die umstrittene und 2013 eröffnete Waldschlösschenbrücke, wegen der die Stadt sogar den Welterbetitel verlor.

Jägerhof

Der ohnehin nur noch teilweise erhaltene Jägerhof brannte 1945 vollständig aus. Nur das Erdgeschoss blieb erhalten, der Rest wurde aber rekonstruiert, so dass 1950 das Museum für Sächsische Volkskunst wiedereröffnet werden konnte. Seit 2005 beherbergt das Gebäude auch die Puppentheatersammlung.

Japanisches Palais
Nachdem das Japanische Palais im Zweiten Weltkrieg schwer beschädigt wurde, übernahm 1953 das Landesmuseum für Vorgeschichte des Landesamtes für Archäologie die Ruine und machte sie schrittweise wieder nutzbar. 1957 zog das Museum für Völkerkunde noch mit in das Gebäude ein und seit 2001 haben auch die Senckenberg Naturhistorischen Sammlungen Dresden ihre Ausstellungsräume im Palais, während sich das Landesmuseum für Vorgeschichte als Staatliches Museum für Archäologie seit 2012 in Chemnitz befindet.

Königstraße
Die Königstraße überstand den Zweiten Weltkrieg als eine der wenigen Straßenzüge relativ unversehrt, verfiel aber in DDR-Zeiten zusehends. In den Neunzigern erfolgte eine umfassende Rekonstruktion der Straße und ihrer Nebenstraßen wie der Rähnitzgasse. Sie stellen die einzigen erhalten gebliebenen geschlossenen Wohnensembles der bürgerlich-sächsischen Barockarchitektur Dresdens dar.

Neustädter Markt

Das ausgebrannte Blockhaus wurde Ende der siebziger, Anfang der achtziger Jahre in seinem ursprünglichen Zustand – ohne das Geschoss von 1892 – wieder hergerichtet. An der Stelle des 1945 zerstörten „Narrenhäusels" befindet sich heute eine Bronzeplastik von Heinrich Apel. Der Goldene Reiter, der die Bombennacht eingelagert in einem Keller in Pillnitz unbeschadet überstanden hatte, wurde nach seiner Restaurierung 1956 wieder aufgestellt. Nach erneuter Restaurierung erstrahlt er seit 2003 in nahezu blendendem Glanz.

Hauptstraße

Nur im nordwestlichen Abschnitt der Hauptstraße überlebte eine geschlossene Reihe barock-klassizistischer Bürgerhäuser die Zerstörungen im Zweiten Weltkrieg und die darauffolgende Abrisswut. Ende der Siebziger wurden diese Gebäude erstmalig restauriert und erfuhren an der Wende vom 20. zum 21. Jahrhundert eine erneute Sanierung. Besonders hervorzuheben sind das Kügelgenhaus, in dem sich heute das Museum der Dresdner Romantik befindet sowie das Societätstheater, Dresdens ältestes bürgerliches Theater. Der Straßenteil nahe des Neustädter Marktes überlebte die Zerstörungen nicht. Das ausgebrannte Neustädter Rathaus wurde gemeinsam mit den anderen stark beschädigten Bürgerhäusern abgebrochen und später durch Plattenbauten ersetzt, die man nach der Wende sanierte. Nahe der Dreikönigskirche hat die Neustädter Markthalle den Krieg überstanden und wurde 2000 umfassend saniert. Das nördliche Ende der Straße wurde 2002 umgestaltet und mit Wasserspielen versehen.

Dreikönigskirche

Die im Krieg schwer zerstörte Dreikönigskirche wurde in den achtziger und neunziger Jahren äußerlich originalgetreu wieder hergestellt. Die Gestaltung des Mansarddaches erfolgte nach den ursprünglichen Plänen Pöppelmanns. 1990–1993 diente die Kirche als Tagungsort des Sächsischen Landtages.

Albertplatz

Nach seiner Zerstörung in der Bombennacht wurde das Alberttheater am Albertplatz abgebrochen. Von den beiden Diez-Brunnen überstand nur der östliche den Krieg relativ unbeschadet. Die stark beschädigten „Stürmischen Wogen" lagerte man zunächst ein. An seinem Platz stand zu DDR-Zeiten ein sowjetisches Ehrenmal des Dresdner Bildhauers Otto Rost. Nach der Wende kehrte der rekonstruierte Brunnen jedoch wieder an seinen Ursprungsplatz zurück. Die Villa Eschebach wurde in den neunziger Jahren umfassend saniert und beherbergt heute den Hauptsitz der Volks- und Raiffeisenbank. Das erste Dresdner Hochhaus am Albertplatz diente nach dem Krieg bis Mitte der Neunziger als Verwaltungssitz der Dresdner Verkehrsbetriebe. Nachdem es bis 2014/15 leer stand, wurde das Bürogebäude umfassend saniert und entlang der Antonstraße durch einen Neubaukomplex ergänzt. Der Artesische Brunnen wurde 1990 rekonstruiert. Ein Jahr darauf erhielt der Platz, der zu DDR-Zeiten erst „Platz der Roten Armee" und dann „Platz der Einheit" hieß, seinen Namen von 1871 zurück. Neben den rekonstruierten Bauwerken der Vorkriegszeit wird der Platz heute von Plattenbauten aus DDR-Zeiten und Bürogebäuden der Nachwendezeit bestimmt.

Elbschlösser (rechts unten)

Schloss Albrechtsberg diente als „Pionierpalast" zu DDR-Zeiten als Freizeitzentrum für Kinder. Ende der achtziger Jahre begann die umfassende Restaurierung. Heute dient es als Kongress- und Veranstaltungsstätte. Nach der Nutzung durch den Klub der Intelligenz zu DDR-Zeiten stand das Lingnerschloss jahrelang leer. Nach Beginn der Sanierungsarbeiten in 2004 konnte 2010 das Restaurant Lingnerterrassen eröffnen; der Förderverein Lingnerschloss e. V. organisiert diverse Kulturveranstaltungen. Schloss Eckberg beherbergte in der DDR das Jugendtouristikhotel und nach umfassender Restaurierung seit 1997 ein Luxushotel.

Ministerien

Das Finanzministerium wurde nach den Kriegszerstörungen vereinfacht wieder aufgebaut und erst in den Neunzigern in seinen Originalzustand zurückversetzt. Zu DDR-Zeiten war hier die Bezirksbehörde der Volkspolizei untergebracht, während sich heute Finanz- und Kultusministerium das Gebäude teilen. Das rekonstruierte Gebäude des Gesamtministeriums beherbergte nach dem Krieg zunächst den Rat des Bezirkes und heute unter anderem die Sächsische Staatskanzlei.

Personenregister

Orts- und Sachregister